大学職員のリアル

18歳人口激減で「人気職」はどうなる？

倉部史記
追手門学院大学客員教授
元大学職員

若林杏樹 マンガ
マンガ家
元大学職員

JN047842

798
中公新書ラクレ

目次

図表作成・本文ＤＴＰ／今井明子

まえがき――ネット上の噂は本当か？

2022年度の時点で、日本には国公私立あわせて807校の大学が存在します。そして文部科学省の調査によれば、45万人がこれらの大学で働いています。教授をはじめとする教員はこのうち19万人で、残り26万人は職員。この職員には大学病院で働く医療スタッフや、技術系職員なども含まれています。

一般的に「大学職員」と言えば、大学運営業務を扱う事務職員を指すことが多いでしょう。窓口での学生対応や教員のサポートをはじめ、留学支援などの国際業務、各種調査、文科省への対応、地域貢献、学生募集など、その業務領域は多岐にわたります。こうした業務に、9万5000人ほどが就いているそうです。

この大学職員の労働環境が近年、注目を集めています。

ウェブ上では、

「私立大学職員は給与が高い。年収１０００万以上で仕事も楽」

……といった言説が飛び交い、新卒就職や転職の市場でも意外なほどの人気ぶりです。就職支援業界が開催する転職セミナーなどでは、イベントの目玉となる出展企業の中にソニーやトヨタ、各種メディアなどの大手と並んで「学校法人早稲田大学」といった名前が載ることも。実際、早稲田や慶應義塾などの大規模総合大学には、企業でキャリアを積んだ人材の採用に熱心なところも少なくありません。２００６年には国立大学法人東京大学が、東大卒の新卒職員を20人も採用して話題となりました。大学職員は、知る人ぞ知る人気職種の一つとして注目され始めています。

若者の支援に関心がある、学術の世界に関わりたい、大好きな母校で引き続き働きたい。大学職員を志す方の動機はさまざまです。給与水準の高さや、安泰そうに見える労働環境も、確かに多くの方にとって魅力的でしょう。

一方で、大学経営をめぐる状況は必ずしも明るくありません。２０２３年に入ってから、教育面で高い評価を受けていた恵泉女学園大学および神戸海星女子学院大学が、相次いで２０２４年度からの学生募集停止を発表し、業界に衝撃を与えました。大学を取り巻く社会の変化に対応できなければ、名門校も存続できない時代なのです。

職員の具体的な業務やキャリアの実態も、あまり知られていません。グローバル企業と同様の高度専門的な業務を行っている例や、実際に年収1000万円を超えている例は確かにあると思います。かたや、オーナー一族のワンマン経営で、ブラックな労働慣行が横行している例もまた存在します。SNSなどには現役職員による投稿も発信されていますが、その内容には「成長できない」「ルーティンワークばかり」「教員の補助でしかない」など、ネガティブなものも少なくありません。「学生を支える仕事」といった表現もしばしば使われますが、実際には学生に接することがほぼないという部署や職務もあります。一言で「大学職員」と言っても、その内情は当然ながら、実に多種多様です。「人気の大学職員を目指そう！」といったウェブ上のフレーズが、そうした実情を覆い隠してしまっているようにも思います。

そんな「大学職員のリアル」を、多くの方にわかりやすくイメージしてもらえたらと思い、本書を企画いたしました。

著者である私も、元大学職員です。20代の中頃、それまで勤めていたウェブ制作会社を辞め、東京都内にある私大へ転職しました。そこでさまざまな業務を経験しながら、「大学プロデューサーズ・ノート」というブログを立ち上げ、業界について思うことを日々書き連ねておりました（現在は「倉部史記のブログ」に改称）。そのブログを見た某塾からお声がけをいただき、結果的には職員を辞することになるのですが、大学職員として経験したこと、考えたことは、今に至るまで自分の仕事の基盤になっています。

また現在も高大接続、学生募集、中退予防といった領域で多くの大学教員および職員の方と協働しています。塾で働いていた頃は、塾と大学が連携したプログラムの企画運営を担当しておりました。独立後もずっと大学と高校生をつなぐ仕事に従事しています。

三重県立看護大学では高大接続事業に外部評価委員として参加。文科省による「教育と研究の充実に資する大学運営業務の効率化と教職協働の実態調査」では有識者委員を務めました。結果的にこうしたさまざまな仕事を通じて、数えきれないくらい多くの大学教職員の皆様と協働させていただきました。大学職員退職後のほうが、ずっと多くの大学の教員および職員の方に囲まれています。学外から大学に関わることが多いので、職員の役割や強みについても、以前より客観的に拝見できているように感じています。

内側で働いた経験と、外から支える経験。この両方を持つ立場から、大学職員を取り巻く環境をできる限り冷静かつ客観的に、でも極力わかりやすくご紹介したいと考えました。

そして本書に素敵な漫画とイラストを書き下ろしてくださった若林杏樹さん（あんじゅ先

生）も、大学職員として勤務されていたご経歴をお持ちです。そんな先生だからこそ描ける、職員の仕事のリアルがここにあります。

大学職員とは何かといった基本的なことから、「ネット上の噂は本当か」など、一般の方々が関心を寄せている点についても、理解の一助になるような構成を心がけたつもりです。大学職員の仕事について知りたいという方向けに、各部署の具体的な業務内容についても可能な範囲で紹介しています。また職員が抱いている悩みや不安、大学経営を取り巻く社会状況の今後など、これから大学職員を目指す方に知っておいてほしいことについても解説を加えています。既に大学職員として働いている方や、職員と協働することが多いステークホルダーの皆様にとっても、その仕事のあり方や仕事を取り巻くさまざまな環境について俯瞰《ふかん》し、今後について考えるきっかけの一つになれば幸いです。

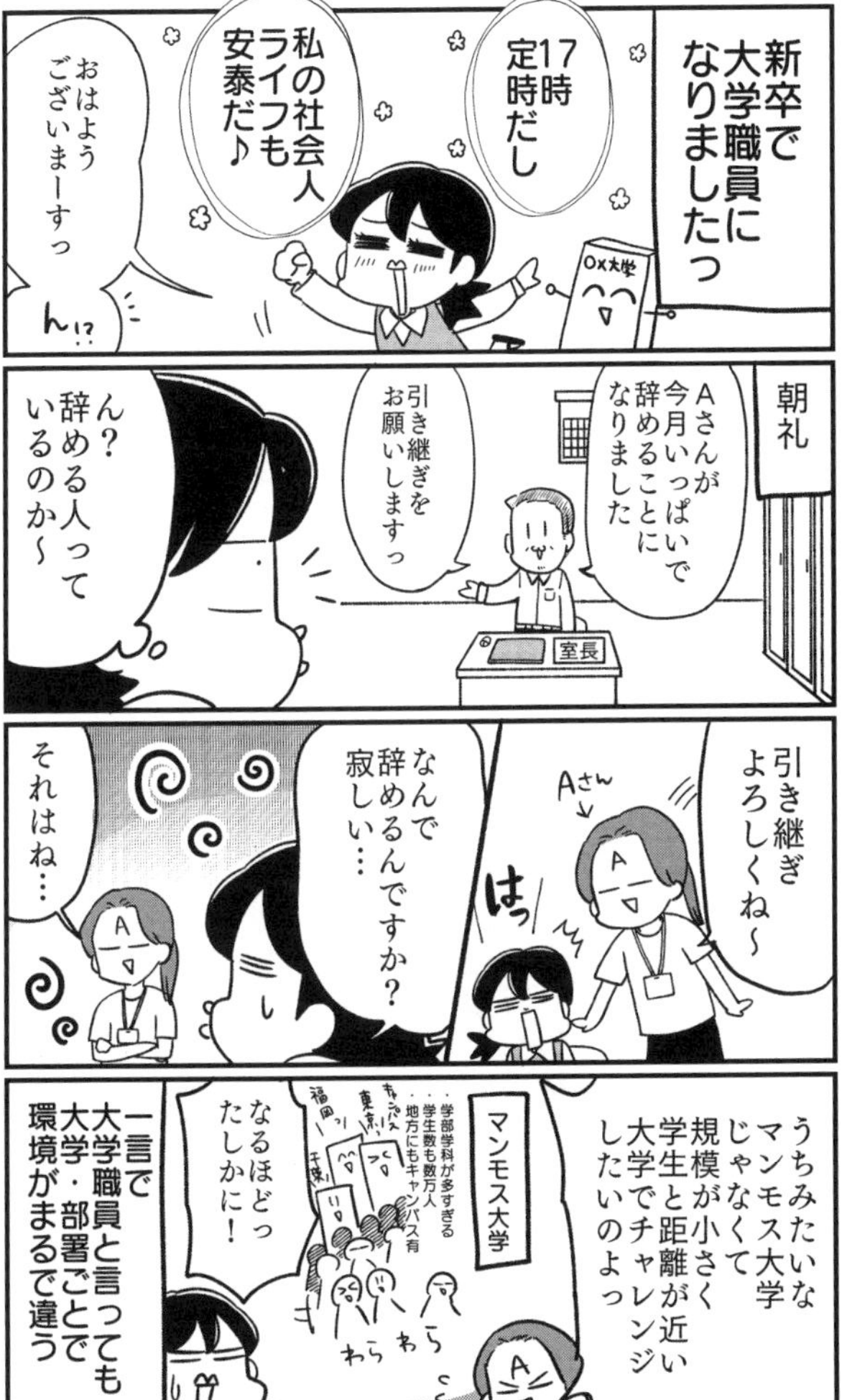

新卒で大学職員になりましたっ
17時定時だし
私の社会人ライフも安泰だ♪
○×大学
おはようございまーすっ
ん!?
朝礼
Aさんが今月いっぱいで辞めることになりました
室長
引き継ぎをお願いしますっ
ん？辞める人っているのか〜
引き継ぎよろしくね〜
Aさん
はっ
なんで辞めるんですか？寂しい…
それはね…
うちみたいなマンモス大学じゃなくて規模が小さく学生と距離が近い大学でチャレンジしたいのよっ
マンモス大学
・学部学科が多すぎる
・学生数も数万人
・地方にもキャンパス有
福岡
東京
キャンパス
千葉
わらわら
なるほどっ たしかに！
一言で大学職員と言っても大学・部署ごとで環境がまるで違う

大学マイスター倉部の
四コママンガ解説 ①

入職してから
「辞める人も案外いるなぁ」
と気づく例は多し。
大規模校から小規模校へ
転職する例も
珍しくありません。
自分に合う環境か
どうかって、
大事です。

1章

誤解されがち！大学職員というお仕事

「楽で稼げる仕事」？

20代の後半、私は都内の私大に事務職員として勤務していました。世間的に見たら入学難易度が高いブランド校とは呼ばれないかもしれないが、長い伝統を持ち、実直に教育と研究を行ってきた中規模の単科大学です。学生も教職員も派手さはないけれど総じて真面目が取り柄。18歳人口減少の影響もあり、入学難易度の維持向上が課題になってはいましたが、経営状況は健全なほう。産業界からの評価も上々で、メディアでは入学難易度から見た就職実績から「お得な大学」という評価をしばしば受けるようなところです。

私は民間企業からの中途採用でした。当時はまだ若く、いわゆる第二新卒に近い扱いだったかもしれません。教務課に配属され、そこで一般的な窓口対応のほか、履修登録や時間割作成などの業務を主に担当しました。入試の運営や高校訪問など、教職員総出で行うイベントも経験しています。

さて現在、大学職員が一部の就職・転職マーケットで人気を集めているようです。企業が企画する転職フェアでは一部上場企業の社名に並び、「早稲田大学」といった名前が出展団体の目玉として大きく挙げられていることは「まえがき」でお伝えしたとおりです。こうしたイベントは全国各地で企画されていますが、その地域に本部を持つ国立大学や私立大学の名前が前面に押し出されていることもしばしばです。企画者側は、大学職員に関心を持つ方が少なくないことを意識しているのでしょう。

実際、ウェブやSNSなどを見ていても、大学職員は一部で関心を集めているようです。

「大学職員は40代で年収１０００万円以上」

「夏休みは３週間以上」

「残業もなく、ボーナスは○○万円以上」

といったことを紹介するブログ記事などが少なからず存在しますし、それらがアクセスを集めている様子も窺えます。「楽で稼げる仕事ランキング」といったテーマの記事で、上位に大学職員が挙げられている例もありました。本書を手に取ってくださった現役大学職員の皆さんの中には、いま「そんなわけあるか」と思った方も少なくないはずです。ですが、こうした情報を信じ、関心を寄せている方がいるのも事実です。

一方、実際に働いている職員の中には、さまざまな悩みを抱えている方も少なくありません。成長実感がわかない、キャリア構築ができない、職場の運営体制や危機感のなさに焦燥感を抱いている等々、さまざまなぼやきも耳にします。ハラスメントや不祥事はどのような組織でも起き得ることですが、アカデミック・ハラスメントや学生の不祥事など、大学組織ならではの問題もあります。給与水準だって実際にはピンキリです。

本章のテーマ自体をいきなり覆すようですが、一言で「大学職員はこうだ」などと括《くく》って論じられるわけが、そもそもないのです。電通だけを取り上げて「広告業界は高給だから目指すべき！」と断じているようなもの。スタッフ2人だけで制作している地域のフリーペーパーも広告業と言えますが、同列では語れませんよね。共通する点も確かに存在はしますが、過度に一般化してしまうのは危うい。大学職員は注目を集めているけれど、流布されている情報には著しい偏りがあります。

時代の変化、期待される役割の変化

日本の大学は3種類に分けられます。①国立大学法人が設置する国立大学、②公立大学法人が設置する公立大学、③学校法人または株式会社が設立する私立大学です。こうした法人に勤め、組織運営に従事しているのが大学職員と呼ばれる方々です。

一般的に大学職員と言えば、事務職員を指します。教授や准教授といった「教育職員」や技術職員、病院の医療スタッフなども広義ではみな職員なのですが、こうした方々も含めて言い表す場合は慣例上、「教職員」という言葉を使うことが多いでしょう。

法的には次のように記されています。事務職員に言及している部分を一部抜粋しました（※傍線筆者。事務職員についての記述はこれら以外にもあるが、ここでは紙面の関係上、割愛する）。

【A】学校教育法（昭和二十二年法律第二十六号）（抄）

第三十七条第十四項　事務職員は、事務をつかさどる。

第九十二条　大学には学長、教授、准教授、助教、助手及び事務職員を置かなければならない。ただし、教育研究上の組織編制として適切と認められる場合には、准教授、助教又は助手を置かないことができる。

第百十四条　第三十七条第十四項及び第六十条第六項の規定は、大学に準用する。

【B】大学設置基準（昭和三十一年文部省令第二十八号）（抄）

（教育研究実施組織等）

第七条　大学は、その教育研究上の目的を達成するため、その規模並びに授与する学位の種類及び分野に応じ、必要な教員及び事務職員等からなる教育研究実施組織を編制するものとする。

2　大学は、教育研究実施組織を編制するに当たっては、当該大学の教育研究活動等の運営が組織的かつ効果的に行われるよう、教員及び事務職員等相互の適切な役割分担の下での協働や組織的な連携体制を確保しつつ、教育研究に係る責任の所在を明確にするものとする。

3　大学は、学生に対し、課外活動、修学、進路選択及び心身の健康に関する指導及び援助等の厚生補導を組織的に行うため、専属の教員又は事務職員等を置く組織を編制するものとする。

【A】の「学校教育法」に「事務をつかさどる」とありますが、多くの方がイメージされる

「事務」と、実際に大学職員が行っている業務には違いがあります。大学経営の戦略を立案したり、学生を取り巻く問題を発見し解決したりと、マネジメントに関わる業務も少なくありません。国際交流やキャリアセンター、図書館など、特定分野の専門知識やスキルが問われる領域もあります。

【B】の「大学設置基準」のほうは、事務職員について触れている記述が多いですね。実はこちら、2022年に改正され、大幅に内容が変わりました。それまでは学校基本法と同様、「大学は、その事務を遂行するため、専任の職員を置く適当な事務組織を設けるものとする」という、実に素っ気ない一文くらいしか存在していなかったのです。

ご覧いただきたい文章があります。

現代の大学は、例えば二十年前の大学と比べると、格段に複雑・高度で多様な機能を果たすことが期待され、しかもそれらの機能をより効率的・効果的に果たすこと、そしてその結果を広く社会に示すことが求められるようになっている。

例えば、二十年前の大学に、「大学評価」という制度は存在せず、「ハラスメント」という概念はなかった。大学の「情報化」はまだ動き出したばかりの段階で、「情報セキュリティ」の保全のために多くの資源を投入する必要もなかった。政府による「規制と保護」行政のもとで、「市場」への新規参入のハードルは高く、「市場」も拡大を続け、学生獲得や外部資金獲得に頭を悩ます必要もなかった。「オープンキャンパス」やホームページを活用した大学広報も存在しなかったし、「顧客サービス」「社会的説明責任」「コンプライアンス」といった米国発の考え方もほぼ無縁であった。留学生などほとんどの大学にとって「別世界」の話であって、「単位互換」「共同学位制度」の構築など議論の俎上にも上らなかった。「産学連携」「TLO」「知財活用」などといったことは、口に出すことさえタブー視されていた。

それがいまはどうか。

いやしくも大学の看板を掲げ、それなりの学生と教員を集め、大学として社会的に評価されようと思えば、右に例として挙げたような新たな仕事、責任、機能をきちんと果たさなければいけない時代になったのである。しかも、経営の効率化を追求するため、最大の支出費目である人件費の増加は何としても避けたい（できれば減額したい）ところであり、これまでよりはるかに多くの高度化・複雑化・多様化した業務を、下手をするとこれまでより少ない人数の職員でこなさなければいけなくなっているのである。

（中略）要するに、大学職員の仕事は、この二十年間で全く変わってしまったのである。
（本間政雄「これからの大学職員とは」『大学時報』三二〇号（2008年5月））

1960年代頃から日本の大学進学率は上昇し始めました。大学は戦前のように一部のエリートだけが学ぶ特権的な場ではなく、広く大衆が学ぶ場へと変化してきたのです。戦前につくられた仕組みではその多様なニーズに対応できないという声もあり、そこからは大学の個性化・多様化を促進するさまざまな政策が実行されていきました。

そうした政策動向と並行して、90年頃からさらに大学を揺るがす変化が始まります。18歳人口の急激な減少です。92年から2009年までの17年間で205万人から121万人へと、実に4割も入学志願者の市場が縮小したのです。大学は、これまでのあり方を大きく見直さざるを得ませんでした。

先に引いた本間氏の文章は、そうした中での職員の変化について指摘したものです。かつては運営のための重要な判断を、ほぼすべて教員が担っていた時代もありました。もちろん組織運営のためのさまざまな業務は職員が行っていたけれど、それらの多くは各種の法令や、教員たちが議論し定めたルールに則って行うルーティンワークであり、教員の決定事項に職員が口を挟んだり、自らマネジメントの課題を発見して解決に乗り出したりすることは極めて稀だった。しかしこのように社会状況が変わり、大学を取り巻く環境は年々厳しくなっていきました。その過程で職員に期待される役割も少しずつ変わってきたというわけです。

改正された大学設置基準にも、そんな変化が反映されています。以前と異なり、教育研究上の目的達成のために教員だけでなく職員も重要な役割を担う、という趣旨が随所から読み取れます。学生の指導や支援のために「教員または職員を置く」といった記述など、職員が主導的に学生の学びを支える場面もあるということが明示されています。文字通りの「事務」担当という扱いだった頃と比べれば、かなりの変化と言えるでしょう。以前から、職員が実質的に中心だった業務領域は存在していたのですが、こうして法令の文面で表現されることの意味は大きいはずです。

大学職員を志望される方の中には「事務職員」という名称から、いわゆる一般職に近い、各種の事務処理や手続きを中心とした業務を想像される方もいるようですが、それは20年以上前の話。教員や技術職員、医療系職員が特定分野のスペシャリストとして業務に当たる方々だとすれば、大学の事務職員はゼネラリストとしてのキャリアパスに乗った総合職と考えていただければ良いでしょう。しかもその中には、教育研究上の目的を達成するための、大切で多様な役割が数多く含まれているのです。

「学生と接する仕事」ばかりではない

大学職員とは言うものの、入職後に配属されるのが必ずしも大学だとは限りません。立場上は国立大学法人や学校法人などに勤める「法人職員」ですので、その法人が経営しているすべての学校や組織が勤務先になり得ます。大規模な法人の場合、高校や中学、小学校や幼稚園などの事務部門に配属されることもあります。医療系学部の附属病院の事務部門で働く可能性もあります。法人が設置した関連企業への出向や、海外赴任の可能性もあります。

また配属された部署によっては、一般企業での業務とそう変わらない仕事に従事するケースもあります。経理や総務、人事といった部署は大学組織にもありますが、日々の業務の中で直接的に「大学らしさ」を実感できるかどうかは人によるかもしれません。

こういったことからミスマッチが起きることもあります。

「キャンパスで働きたかったのに配属先は病院事務室。やりたかったことと違う」

「学生支援の仕事がしたかったのに、学生と接する機会がまったくない」

といったケースは後を絶ちません。職員の多くはゼネラリストとして採用され、その後のキャリアパスもさまざまな部署を経験する前提で設計されていることが大半。どのような部署の業務であっても、その組織の教育研究に貢献していると言えるでしょうが、従事したい業務領域が限定されている方は不満に感じることがあるかもしれません。この点は注意が必要です。

仮に大学に配属されたとしても、事務組織のあり方は法人ごとにさまざまです。所属部署を区分する言葉として、「教学部門」と「法人部門」という言葉がよく使われています。

教学部門：法人の中で「大学」の教育研究支援に携わる部門。教務や学生支援、就職支援、図書館、研究推進など、主として学生や教員の支援を担当。履修登録や各種手続きなど、学生が在学中に接していた職員は基本的にこちら。大学ならではの業務を行っている部署が多い。

法人部門：法人全体の経営や管理、企画などを担当する部門。総務・人事、財務・会計、広報、管財・施設など。一般企業に存在する部署も多い。

就職志望者がイメージする仕事の多くはおそらく、教学部門の業務ではないでしょうか。学生や研究者が集う学術研究機関らしい、アカデミックな世界に接している領域です。一方、法人部門の業務は企業にも通じるものが多いですね。それぞれに魅力がありますので、どちらを好むかは人によります。学生と接する仕事に惹かれて就職し、結果的に法人部門に配属されたが、やってみたら面白くてやりがいを感じているという方も多いはずです。

どちらの部門であれ、配属先では相応の専門性が求められます。大学職員は多くの場合、企業で言う総合職と同様、数年で配属先を変えながらキャリアを積み上げていくことになります。それはどの部署でも共通の一般事務に従事していれば良いという意味ではありません。部署ごとに必要な専門性の習得を求められます。

学生募集の部署に配属された職員が「私はこの分野に詳しくないので無理です」と言っていたら、入学者獲得に影響が出ます。財務の見識を持った職員が不在であれば経営は傾きます。未経験の領域に配属されてもその都度学び、実践する力が求められます。逆に言うと、勉強熱心で精力的に新しい知識やスキルを得ようとする職員がいれば、その大学の学生や教員がその分、大きな恩恵を受けられるということでもあります。

職員のキャリア構築のあり方は法人ごとに異なります。若いうちは短めのスパンでさまざまな部署を経験させて本人の適性を探ろうという法人もあれば、最初の配属先からじっくり業務を覚えさせ、早く一人前の戦力にしようという法人もあります。教学と法人の両部門をまたぐ異動を意識的に行う法人もあれば、高い専門性を身につけられるよう、異動先の領域を限定的に設定する法人もあります。どちらが良いというものではありません。それぞれの経営戦略や人材育成の考え方によります。

しばしば「法人部門のほうが昇進できる」「サテライトキャンパスより本部キャンパス配属のほうが期待されている」といった言説をネット上などで見かけますが、このあたりも組織によって本当に事情が異なりますし、同じ組織でもトップが代われば方針転換されることもあります。過度に気にされないことをお勧めします。

国立、公立、私立でこれだけ異なる

大学職員のあり方は多種多様であり、一言では括れないと先ほど述べました。大学を設置・運営している法人の種別による違いは特に大きいでしょう。国立、公立、私立で、行う業務の内容や給与・キャリアといった待遇の実態がかなり違うのです。
本書執筆にあたり、多くの現役職員にインタビューを行いました。いくつかの声をご紹介します。

Aさん（首都圏国立大／50代）

- 公務員など、公的機関で働くことを望んでいる方が多く、その一つとして結果的に本学が選ばれている。そのため採用時は競争倍率も高いが、辞退率もそれなりに高い。県庁をはじめとする自治体などに受かると、そちらに行くケースが多いように感じている。
- 言われたことだけやれば良いという職員も多い。改革意識の高い若者が採用されても、その意欲に応えられる仕事が用意できていない。やる気のない若手、余計な仕事は一切しないという姿勢の若手も残念ながらいる。
- さまざまなことを教員がやってくれる。職員は先生の意見を待ってしまう。
- 分担業務が細かく分かれており、よく言えばきちんとしている。裏を返せば手続きが多く、縦割り組織で、業務量は膨らんでいく傾向にある。手続き処理を正確にこなすことが好きな職員が多いように感じる。

・異動官職（詳細は後述）というシステムがある以上、「これより上のポストには就けない」という想いを多くの職員が持っているように思う。
・給与水準で言えば、国立大職員の大半は管理職でも1000万円に届かない。

Bさん（地方私大／40代）
・自分が学んだ母校に貢献したいと考え、職員になった。私大に入職したい人には自分と同じように母校愛、母校を良くしたいという動機の方が多いように感じる。
・企業ではなく大学に勤めている、教育の仕事に関わっているという意識の方が周囲には多い。待遇目当てではなく、教育に関わる志のある方に来てほしい。
・中途採用で入職する方は増えている。他大学で非正規雇用の契約職員をされていた方が、中途採用で専任職員になるケースも多々ある。
・上の世代は、型にはまった仕事の仕方に慣れている、昔ながらの公務員タイプが多いように思う。若い職員たちとは違うところがある。

Cさん（地方私大／50代）

・私大ではあるが、地元自治体の誘致を受け、自治体からの資金提供によって設置された大学。そのため事務局長は数年おきに自治体から天下りでやってくる。
・自治体からの潤沢な補助金で長く運営が支えられてきたため、他の補助金などを積極的に獲得する組織風土ではなかった。しかし自治体の財政が厳しくなった途端に急な方針転換を迫られるなど、自治体の姿勢に振り回されている。
・「大学で働いている」というアイデンティティに乏しい職員も多い。「地元で事務職として、安定して働ける職」という程度の認識でいる職員が多いのではないか。地方だと事務職の正社員の求人がそもそも少ないため、そうしたニーズの受け皿になっているところがある。
・自分の仕事を増やすことを極端に嫌うタイプの職員が少なくない。「余計なことをするな」というタイプの管理職もいる。そのため改善の提案は事務組織ではなく、教員側から物事を通すほうが早い。本来なら職員の方から行うべき取り組みも教員頼みになっている。

Dさん（首都圏公立大／50代）
・大規模な自治体が設置する公立大。公立大学法人化した後は独自に職員を採用しているが、その後も事務職の５％程度は自治体から異動してきた職員であり、管理部門の要職は彼らが占めているように思う。一方、学生の教育支援に携わる教務部門は法人採用の職員がほとんどであり、法人化直後は私立大学からの転職者も多かった。

- 最近、新卒採用で入職する職員には、公務員志望の方も見られる。
- 法人化した際、自治体の首長が教職員全員の任期制を打ち出したが、人間関係がギスギスして離職者が増えてしまい、全員任期制は数年で廃止された。

ここに挙げたのはあくまでもごく一部の例です。一口に国立や私立と言っても実際には千差万別でしょうし、同じ法人の中にもさまざまな方がいると思います。すべての国立大がこうだ、私立はこうだと断じる意図はありません。ですが、たった4例だけでもこれだけ事情が異なるのかと感じていただければ幸いです。

小・中・高校の事務職員との違いは?

「小・中・高校にも事務職員はいるけれど、大学職員とは何が違うのですか」と聞かれることがあります。似て見えるかもしれませんが、働いているほうの実感としてはかなり違うのではないでしょうか。

一般的に、小・中・高校の事務職員は「学校事務職員」と呼ばれます。公立の小・中学校であれば地方公務員採用試験に合格する必要があります。学校事務職員も組織の規模などにより仕事は多様ですが、総務、人事、経理など、いわゆる教育業務や技術業務を除くさまざまな校務に従事しています。各種の証明書を発行したり、入学や転校などの手続きを行ったりという場面でお世話になった方もいるでしょう。実際には予算や施設・備品の管理など、児童・生徒の側からは見えないさまざまな業務も多くあります。

一般論として、大学のほうが組織規模が大きく、業務は複雑に分業化されています。たとえば、就職支援や学生募集など業務負担が大きく専門スキルが必要な領域では、職員が企画から実施まで中心的な役割を担っています。職員が学生の支援を直接行う場面も少なくありません。業務の幅は広く、専門的な知識や経験も求められます。

一方、小・中・高校の学校事務職員が直接、生徒に教育上の助言を行ったり、生徒募集のための説明会に登壇したりというケースは稀です。広報活動の企画などを担うケースもときにはあるようですが、どちらかと言えば裏方、「事務室の人」として教員をサポートするという認識で業務に当たっている方が多いように思います。

大学と附属校をそれぞれ持つ学校法人の職員であれば、両方を経験する可能性があります。Eさん（20代女性）は、私大と附属校を持つ地方の学校法人で働いています。法人の企画部門から附属校の事務課に異動した経験から、「大学と附属校では教員と職員の力関係がかなり違う。大学では教職協働の重要性が謳われているが、附属校では職員はあくまでも『事務』という扱い」と感じたそうです。

もっとも、学校事務職員の働き方も今後は変わってくるかもしれません。2017年の学校教育法改正により、小・中学校の事務職員について「事務職員は、事務に従事する」から「事務職員は、事務をつかさどる」に改正されました。一見すると違いがわかりづらいのですが、各種調査の対応や学校予算の編成、執行などの事務について、これまでは校内の取りまとめや確認作業等の細かな対応まで校長や教頭が対応してきたものを、今後は財務や総務に通じた学校事務職員が対応できるようにするという趣旨での改正です。学校のマネジメント体制の強化や校務運営の改善は、小中学校や高校でも課題になっているのです。

私大で職員として高度専門的な業務を経験した方が附属校に異動し、先進的な取り組みを始めるといった事例も増えていくかもしれません。

職員と教員のすれ違い

大学での教員と職員の関係についてもしばしば話題に上ります。どこまでが両者の業務領域なのか、やはり教員の立場のほうが「上」なのか、「教職協働が大切」とは言うが実際はどうなのか、等々。教員は学問の専門家であり、一般的には社会的ステータスが高いとされる仕事です。すごい人、賢い人、偉い人といったイメージを抱かれると同時に、もしかすると「ちょっと変わった方々」なんて色眼鏡で見られがちかもしれません。そんな大学の先生と一緒に働くのだからいろいろと気苦労があるのではないか、あるいは面白い体験ができるのではないか、などと想像される方もいるようです。

人となりは本当に十人十色ですので、一概にどうとは言えませんが、個性的な教員ももちろん中にはいるでしょう。それを「研究者って面白い人たちだなぁ」と思える方は職員に向いているのではと思います。それよりも教員と職員、それぞれがどのような組織の中で動いているのか理解しておくことのほうがまずは大切です。

同じ法人に所属していても、教員と職員、それぞれのガバナンスは大きく異なります。職員は基本的に、理事長をトップとするピラミッド型組織の構成員と言えます。事務部門のまとめ役は事務局長で、その下にさまざまな部局があり、部長、課長、係長といった職階が存在する、企業とそう変わらない意思決定の仕組みで動いています。一方、教員にはこのような上下関係が存在しません。学長、副学長、学部長、学科長といったポストはありますが、こうしたポストは数年おきに交代するのが一般的です。たとえば学科長の役目を他に譲ったからといって、それを「降格」とは誰も思いません。学科長はその学科の教員を代表し、取りまとめ役となる存在ですが、別に教員たちの人事権を握っていたり、業務上の指示や命令を上から下せたりするような立場でもありません。上からの指示命令系統はあるように見えても、それほど強くはないのです。

こうした教員のガバナンスを、個人商店主で構成される町内会のようだと喩《たと》えた言い方があります。町内会の会長は、町内会全体の活性化を進める上で大事な取りまとめ役ですが、その会長が「絶対に全員がこうすべきだ」と考える内容でも、それをほかの商店主たちに強制する権限はないという意味です。

こうした2種類のガバナンスが共存し、学生のために協働しているのが大学という組織のユニークな点です。構成員を動かす指示系統が異なるのですから、ときに軋轢《あつれき》やすれ違いが生じることもあります。

「○○先生が高圧的に職員に命令をする」

「○○先生は組織の仕組みを無視して動いている」

といったぼやきが職員から聞こえることもあれば、逆に、

「事務局の対応にやる気や意欲が感じられない」

「この手続きは本当に必要なのか。書類ばかり書かされ、研究や教育の時間がとれない」

といった不満が教員から漏れてくることもしばしば。両者の言い分にそれぞれもっともな部分もありますし、仕方のないところもあります。大学設置基準にもあったように、教員と職員は歩調を合わせてうまくお互いの領域で力を発揮し合い、学生のために協働することが大切です。


業務の垣根も法人によって千差万別です。教員は大学の高度な教育や研究に従事し、職員は大学の運営業務や教育研究の支援に携わるという基本的な役割分担は、どの大学でも同じはず。ですが運営には重要な審議事項や決定事項をはじめ、伝統的に教員が担っている領域が多々あります。その範囲がどこまでかは、法人によってさまざまです。

かつて学校教育法には「大学には、重要な事項を審議するため、教授会を置かなければな

らない」という条文が存在しました。2015年の法改正により、教授会の役割は以前に比べてかなり限定的な記述になったのですが、学問の自由や大学の自治といった観点もあり、重要なことについてはやはり教員の意見を聞くべきだ……という意見は各所で目にします。その是非については意見が分かれています。本書ではこの点についてこれ以上は論じませんが、職員にとっても重要な議論であることは確かでしょう。

ただ教育でも研究でも、教員にかかる負担は年々増大しつつあります。組織運営のための会議や雑務に追われ、十分な研究時間を確保できないと悩む声もいたるところで耳にします。こうした積み重ねによって、我が国の研究環境が国際的な競争に後れを取っているという指摘もあります。その点で、必ずしも教員が自ら担わなくて良い業務領域や、教員の教育研究を支援する領域に職員が進出していくことは大事ではないか、と個人的には思います。

「大規模な難関校なら安泰」は本当か？

私大だけに限定しても、学校法人ごとの違いはかなりのものです。わかりやすい比較軸をいくつか挙げてみましょう。

- 大規模校／小規模校
- キャンパスを複数持つ／ワンキャンパス
- 大都市圏に設置／地方に設置
- 広域から学生を受け入れている／ほとんどの学生が地元出身
- 附属校などを持つ学校法人／大学のみの学校法人
- オーナー系（一族経営）／非オーナー系
- 入学難易度が高く、入学者選抜が機能している／入学難易度が高くない
- 専門職養成系の学部が中心／広い業界・分野に人材を輩出
- 学生の中退率が低い／学生の中退率が高い
- 財務状況が健全／財務状況に問題あり

対照的な条件を順不同で挙げただけで、どちらが良い、悪いというものではありません。ただ、ここに挙げた例だけ見ても、働く身としては状況が大きく違ってきます。

就職志望者の中には、「入学難易度が高い大学なら財務も良くて将来も安泰、業務は楽で

高給が狙える」などと、偏差値ランキングの尺度で経営状況や勤務実態を想像する方もいるようです。残念ですが、それは必ずしも事実ではありません。入学難易度が高い大学の中にも、財務状況に課題を抱えているところはあります。

關《せき》昭太郎著『早稲田再生――財の独立なくして学の独立なし』（ダイヤモンド社、2005年）には、証券会社の社長を務めた著者が、財政危機に陥っていた早稲田大学の財務担当常任理事となり、経営立て直しに尽力した経緯が紹介されています。同書によれば同大の財政は、1995年度のピーク時に390億円の借入金残高と年間22億円の支払い利息を抱えていたとのこと。「当時の負債比率は五五％で、帰属収入に対する借入金などの利息比率は三％。これは主要一三大学の中では最悪の水準で、明らかに危機的な状態であった」と關氏は述べています。

特に有利子負債については、複利の資金として見なければならない。三九〇億円の借金というのは、一〇年間で倍の、おおよそ八〇〇億円の財政負担となる。その当時の借入金は、金利が六・五％のものまであった。この水準で一〇年間借りると返済額は倍になる。四〇〇億円近い借金は、一〇年間そのままにしていたら八〇〇億円に膨らむ。大学は公益法人であって、企業のような大胆な借入れと返済の計画を立てることはできない。現状のままで推移すれば、大学の永続性はあり得ないと直感した。

言うまでもなく早稲田は日本を代表する難関校であり、それは95年当時ももちろん変わりません。その裏でこのような経営の危機が起きていたことはあまり知られていませんでした。有力大学だからこその慢心、経営という視点の軽視も大きな原因だと著者は指摘しています。当時、關氏のこの書籍は、しばしば大学職員の勉強会などで推薦図書に指定されました。

その後、社会状況も変わり、大学業界でも財政健全化は広く関心を集めるトピックになりました。とはいえ、投資の失敗で巨額の損失を出したり、入学者数を予測しきれず補助金がカットされたりなど、有力校でもしばしば経営に関する問題は起きています。

そもそも18歳人口は減少し続け、今後も増加する見込みはありません。現在二十代の方が職員になる場合、その後40年ほど働くことになります。「いま学生が集まっているのだからきっと大丈夫」と考えるのはやや楽観的すぎるでしょう。また、仮に財務体質が健全な大学であったとしても、職員の雇用や待遇維持に熱心であるとは限りません。

順調に志願者を集めている大学でも、職員の離職率が高いところはあります。世間からの評判は良いけれど、オーナー系のワンマン経営で教職員が疲弊しているという例もあります。改革の一環として経営トップや管理職を外部から招くケースも増えていますが、その結果、組織風土が一変して職員たちがメンタルの不調に陥ったり、休職者や離職者が増加したりすることもあります。企業でもしばしば起こるこうした変化が、大学では絶対に起きない、などということはないのです。「きっと働きやすいはず」という思い込みは少々危険です。

組織の規模による違いも極めて大きいです。教職員数や学生数の多い大学は往々にして縦割り組織であり、良くも悪くも大企業的、公務員的な組織体質であるケースが多いように思います。業務が明確に区分されている、人数が多いため一人ひとりの業務負担を分散できるといったメリットは多々ありますが、現場の一人ひとりが危機感を覚えにくい、若手からの提案が通りにくいといった一面もあるでしょう。

一方、教職員数の少ない大学では職員一人ひとりが関われる業務領域が広かったり、熱心な個人に業務負担が集中したりと、こちらにも長所、短所の両面があります。どちらのほうが肌に合うかは、人によるでしょう。仕事のしやすさや自分のキャリアアップなどを考え、大規模校から小規模な短期大学などへ転職する職員の例もしばしば耳にします。

ブラック企業的……とまでは言いませんが、教職員が過度のプレッシャーにさらされる組織もあります。さまざまな企業で働く社員が自分の職場について投稿する口コミサイトで、「学校法人」と検索してみてください。満足度上位として名が挙がる大学は確かに素晴らしい労働環境なのでしょう。しかし下位の検索結果には散々な口コミが書かれています。そしてここでの満足度ランキングも、入学難易度とは必ずしも一致しません。

ある学校法人が主催する記念式典に、私が出席したときのこと。休憩時間の度に教職員がロビーのそこかしこで「A大学のBです。Cさんの志望校はその後、お決まりになったでしょうか。もしまだ検討の余地があるなら、ぜひご本人や保護者の方に私から、本学の教育について説明をさせてください」と電話していました。塾や予備校ならこうした営業アプローチも珍しくはありませんが、大学で、それも記念式典当日にもかかわらず教員まで総動員してというケースは初めて目にしました。こうした業務のあり方をどう評価するかは人によるでしょう。大学らしくないと感じる方もいれば、経営意識があって良い、教職員が危機意識を持つのは当然だと感じる方もいるかもしれません。さすがにここまでの例は珍しいと思いますが、いずれにせよさまざまな組織があることは理解しておいたほうが良いでしょう。

国立大学職員の特殊な異動・昇進事情

先ほどご紹介した、国立大に勤めるAさんのコメントに「異動官職」という言葉が登場しました。国立大で働く職員のキャリアパスは大きく3種類に分類でき、それぞれで事情が異なりますので簡単にご説明します。

異動官職（文部科学省ルート）：国立大学法人で採用された後、20代後半頃に文科省へ転任。本省の係長級となった後、40歳前後で大学等の課長級になるキャリアパス。その後は2～3年ごとに管理職としてさまざまな大学や独立行政法人、省庁等に異動。キャリアのゴールは部長級、もしくは事務局長級。理事になることも。

異動官職（他大学ルート）：「ブロック異動」などと呼ばれる。国立大学法人で採用され、係長級や課長補佐級になった後、40～50歳ほどで他大学等に課長級として異動するキャリアパス。その後は2～3年ごとに管理職としてさまざまな大学や独立行政法人等に異動。最終的に、最初に採用された大学へ戻ることも。キャリアのゴールは部長級。

プロパー職員：採用された国立大学、あるいはその近隣大学でキャリアを重ね、定年まで働くキャリアパス。国立大学職員の大半が該当する。多くの方が課長級、もしくは課長補佐級で定年を迎えるが、部長級まで昇進するケースも年々増えている。

※名称や解説については、複数の記事や論文を元に記述しています。正式な名称ではありませんので、ご注意ください。

この3種類の他にも、いわゆるキャリア官僚（国家公務員総合職）が国立大の事務局長や副学長として着任したり、地方自治体や民間企業の管理職が、人事交流の一環として国立大の管理職に就任したりといった例があります。これらは大学職員を目指す方の一般的なキャリアパスとは言いがたいので、詳細は触れません。

この通り、国立大職員と言っても、キャリアパスによって就けるポストも年収も異なってきます。プロパー職員では年収1０００万円に届く例は稀ですが、異動官職（文科省ルート）であれば40代後半～50代頃に1０００万円を超え始める例も。たとえば20代～30代前半に、文科省への出向を打診される……なんて形で出向のチャンスを得たという事例が多いようです。

もっとも、数年おきに異動を繰り返すとなれば家庭生活への影響もありますし、文科省での勤務はハードです。出向を打診されてもワークライフバランスなどを優先し、断る方も少なくありません。地元で安定して働きたいという方にとっては、プロパー職員のキャリアパスのほうがメリットを感じられるのかもしれません。このようなキャリアパスが厳然として存在しており、生涯にわたって就けるポストが慣習として明確に分かれてしまうというのは、私大職員とはかなり事情が異なるところです。

国立大の管理職ポストは年々増加しているのですが、そのうち異動官職の方が占める割合は減少傾向にあります(1)。ここで挙げたキャリアパスの姿も少しずつ変化していくかもしれません。公立大も同様で、かつては設置自治体の職員がジョブローテーションの中で異動し、事務局を構成していましたが、公立大学法人になった後、独自採用のプロパー職員に置き換わりつつあります。ただ、こうした方々のキャリアモデルが明確に構築されているとは言えません。法人化されたとはいえ、慣習として残っている影響もまだまだあるでしょう。

〈注〉

（1）飯塚潤「法人化に伴う国立大学幹部事務職員の人事管理の変化に関する分析」『大学経営政策研究』第10号（2020年3月）：https://ump.p.u-tokyo.ac.jp/pdf/2019/07-reseachnote_2019.pdf

コラム1　危ない情報源、信頼できる情報源

仕事としての大学職員について調べるとき、その情報源は二極化しています。

一つめは、業界関係者が同業界向けにまとめた論評や研究結果です。大学教育を専門とする研究者や現職の大学職員などにより、職員の仕事のあり方や労働環境などに関するさまざまな研究結果が数多く発表されています。いずれもアカデミックで信頼に足る知見なのですが、「就職活動をする上で、大学職員について知りたい」という方にはややハードルが高いかもしれません。

一方で、ウェブ上にはもっと気軽にアクセスできるブログやSNSが多数存在します。その大半は個人が運営するもの。内容の信頼度はピンキリです。真摯に正確な情報を発信されている方もいれば、「大学職員は楽！」といったやや偏った断定もあります。しばしば人は情報の信頼性よりも、自分にとって耳心地の良い情報、都合の良い情報に惹かれてしまうもの。SNSではなおさらです。情報源の取捨選択に注意を払い、上手に情報を活用することをオススメします。

ネット上の情報を参照する上で気をつけるべき点は何でしょうか。多くの現役職員から、「危ない情報源」「信頼できると感じる情報源」によく見られる特徴を伺いました。

危ない情報源だと感じる例

- 実際には業務も組織も多様なのに、「大学職員はこう」と断定して論じている
- ことさらに給与水準や福利厚生など、待遇面のメリットを強調している
- 一部の好待遇の例や「楽な業務」の例を一般化している
- エントリーシート（ES）添削の請負を謳《うた》い、「〇〇名が合格しました！」などと自らの成果をアピールしている

・職員採用活動の詳細な選考情報を持っているとアピールしている。または自らの運営するSNSなどで流通させている
・自身の経験を語るばかりで、大学に関する報道や調査結果、研究成果などに言及することがない
・本当に大学職員なのかも定かではない方が発信している（本人が行っている業務についての記載がほとんどない。就職対策や待遇などについての内容ばかりで教育や研究活動についての意見が見られない、など）

信頼できると感じる例

・大学職員の特色を紹介しつつ、過度な一般化をしないよう、慎重な姿勢を心がけている
・法人や部署によって、業務も待遇も多様であることを伝えている
・働く上でのやりがいと、大変な面の両方を伝えようとしている
・エントリーシート（ES）添削などの商材に誘導せず、あくまでも客観的な助言や情報発信に努めている

- 選考過程に関する情報のやり取りには、踏み込まないようにしている
- 必要に応じて大学に関する報道や調査結果、研究成果などにも触れ、信頼性の高い発信をするよう努めている
- 実名や所属機関などを記載して発信している

これらは例に過ぎません。「危ない」条件に当てはまるところがあっても、正しい情報を発信しているメディアはあるかもしれません。多くのフォロワーや「いいね」を集めているSNSアカウントであっても、正確とは言いがたい主張やPRをしている例もあります。情報の取捨選択にはお気をつけください。

大学職員なる前と後のイメージの違い
キャンパスの窓口で学生さんと絡むイメージがあるが…
学生課
わいわい
いいな〜!
入試課では
入試制度全部覚えたの!?
学部学科ごとに全部違うからね!
今年の願書どうなってる〜?
学生とほぼ接しない
代わりに受験生（高校生）や保護者の方進路の先生に大学・入試説明をする
50分間飽きさせないトークをせねば!
事務スキル＜トークスキル
必要なスキルは配属先によって全然違うことも…
まあいいじゃん私は大学病院配属よ
あ、そうか…
もはや職場が大学でない場合もある!

大学マイスター倉部の
四コママンガ解説 ②

場合によっては一生、学生に関わる業務に就かない人も……！
そうした方はイベントの手伝いなどでたまに学生に接すると、とても嬉しいそうですよ。

2章

少子化でも「食いっぱぐれない」仕事か？

「大学は潰れない」は本当?

企業と比べ、大学の経営は安定していると一般的に思われています。企業も大学も実情は組織によって多種多様なのですが、大学は「そう簡単に潰れはしない」と見られがちです。では、実情はどうでしょう。

安定していると言える部分は確かにあります。が、気をつけておくべき点もあります。入学定員を満たす入学者を集めきれず、定員割れになった大学の話題がしばしばメディアで報じられます。日本私立学校振興・共済事業団は毎年、「私立大学・短期大学等入学志願動向」を公表しています。2022年度の調査結果によれば、集計した598校のうち定員割れの私大は前年度比7校増の284校。大学全体に占める未充足校の割合は過去最多となる47・5%とのことでした。こうした数字を報道で目にし、「半分くらいの大学は学生が集まっていない」という印象を抱いた方もいるかもしれません。

また経済誌等が「危ない大学」といった特集記事やランキングを掲載することもあります。公開されている財務状況などに基づき、各メディアが大学の経営状況を独自に指標化したもので、やはり多くの方の関心を集めます。

ただ入学者が定員割れしていると言っても、その程度はさまざま。数年以上にわたって定員の半分を切っている状況が続いているのかもしれませんし、「普段は十分な学生を集めているのだが、入学者数が定員を大幅に超えすぎないよう合格者数を抑えた結果、今年は歩留《ぶど》まりを読み誤って定員を数名、割ってしまった」というケースだってあります。定員割れの程度が何％程度なのか、その状況がどの程度、継続しているのかによっても状況はまるで違います。実態よりもセンセーショナルに物事を報じようとするメディアもありますので、冷静に見る必要があります。

大学の会計も企業のそれとは意味合いが異なっています。本書の主要テーマではないので詳細には触れませんが、学校法人会計基準について簡単にご説明しておきましょう。

授業料や施設利用料など、学校法人は学生から集める学費を収入源の一つにしています。一方、教員や職員の人件費、教育研究費、施設にかかる費用など、教育活動に対してさまざまな費用を支出しています。定員割れの大学ではその収支が赤字になるのだろうから経営危機なのでは……と想像される方も多いようです。

しかし、「大学の収入源は授業料だけ」という点がまず大きな誤解です。通常、学校法人は寄付金や補助金なども得ています。民間企業からの受託研究など、さまざまな事業を受託して収益を得ることもあります。附属病院を持つ大学では、そこから得られる医療収入が学生からの授業料を上回っているケースも珍しくありません。さらに大学は現金や長期保有の証券など、さまざまな積立金を持ってもいます。これらを運用資産として運用し、その収益を教育研究の補塡に充てているというケースは少なくないのです。

土地や建物といった資産も大学は保有していますが、こうした資産を運用する、あるいは必要に応じて売却するなどし、そう簡単に教育研究活動が破綻しないよう備えてもいます。こうした運用資産が十分に多ければ、仮に教育活動で短期的に赤字が生じたとしても、すぐに学校法人の経営が破綻することはないというわけです。赤字分の金額で運用資産を割った数字を「耐久年数」と呼びますが、この耐久年数が数十年以上という学校法人もあります。運用資産を取り崩していくことで、数十年は赤字に耐えられるという意味ですね。

大学は教育研究の充実のためにしばしば大きな設備投資を行います。キャンパス移転や新校舎建設などはその最たるものですが、高額な研究設備や資料等を購入したり、情報システムを刷新したりといった取り組みもありますね。このように必要な投資の後、収支の数字が一時的に悪くなるのは当然のこと。長期的に見て安定しているかどうかが大事なのです。

日本私立学校振興・共済事業団は「定量的な経営判断指標に基づく経営状態の区分（法人全体）」という資料を公表しています。ここでは学校法人の経営状態を測る上で、3つの指標が提示されています。

（1）教育活動資金収支差額が3カ年のうち2カ年以上赤字であるか否か
（2）外部負債と運用資産を比較して、外部負債が超過しているか否か
（3）耐久年数の状況（10年以上／修業年限〜10年／修業年限未満の3種に区分）

同事業団はこれら3つの観点で、学校法人の経営状態を4つのランクに区分しています。仮に（1）が「はい」に該当してしまっていても、外部負債を上回る運用資産があり、かつ耐久年数が10年以上であるのなら、すぐに経営破綻するとは言えないとしています。

学校法人には教育研究活動の永続性が求められます。企業では利潤の最大化が求められますが、学校法人は公共性の高い非営利組織であり、大きく利益を上げることが目的ではありません。質の高い教育や研究活動を安定して続けていくことが大事。そのために、簡単には揺るがない財政基盤を持っていることが求められるわけです。

18歳人口激減で、経営危機も

とはいえ、18歳人口は減少の一途をたどっています。定年退職を間近に控えた方ならともかく、これから大学職員になろうという方や30歳前後までの若い方にとって、これから業界が迎える市場環境の変化は楽観視できるものではありません。そう簡単に経営破綻しないという点は確かに事実なのですが、「あなたが定年退職を迎えるまで絶対に破綻しない」とは限りません。ここは注意していただきたい点です。

それを象徴するような出来事が最近もありました。恵泉女学園大学が、2024年度より大学および大学院の学生募集を停止すると発表したのです。「18歳人口の減少、とくに近年は共学志向など社会情勢の変化の中で、入学者数の定員割れが続き、大学部門の金融資産を確保・維持することが厳しくなりました」と、公式ウェブサイトで説明しています。

同大は教育内容で高く評価されてきました。私も授業を見学したことがありますが、どの授業も少人数制で教員との距離が近く、アットホーム。多くの女子大に共通するさまざまな良さを感じました。しかし近年は学生募集に苦労していたようで、22年度の定員充足率は

56％まで落ち込んでいたとのこと。個人的にも募集停止は残念でなりません。

学校法人恵泉女学園は大学のほか、恵泉女学園中学・高等学校も運営していますが、そちらは今後も存続させるようです。不採算部門を清算することで、別の事業を存続させる経営判断なのでしょう。ただ大学の教職員がみな中学・高等学校に異動できるわけもなく、これから厳しい状況に直面する方もいるはずです。

その後、神戸海星女子学院大学が２０２４年度から、上智大学短期大学部が２０２５年度からの学生募集停止を発表。業界の厳しい状況を報じるニュースが続いています。

２０２２年の18歳人口は約１１２万人で、大学進学者数は約63・５万人でした。２０４０年には18歳人口が約88万人、大学進学者数は約50・６万人まで減少するというのが国の推計（18年時点）です。[2] 大学進学率は56・６％から57・４％まで緩やかに上昇することになりますが、現在の大学定員を満たすほどではありません。いま存在する大学が２０４０年にもすべて存続している可能性は、低いでしょう。

22年度の数字を見ると、入学定員１００人未満の大学の定員充足率が平均82・１８％であるのに対し、４００人以上５００人未満の大学では93・５７％、１０００人以上１５００人未満の大学では１００・41％、３０００人以上の大学で１０４・０７％と、定員規模が大き

〈図〉18歳人口と大学入学者数、大学進学率の推移

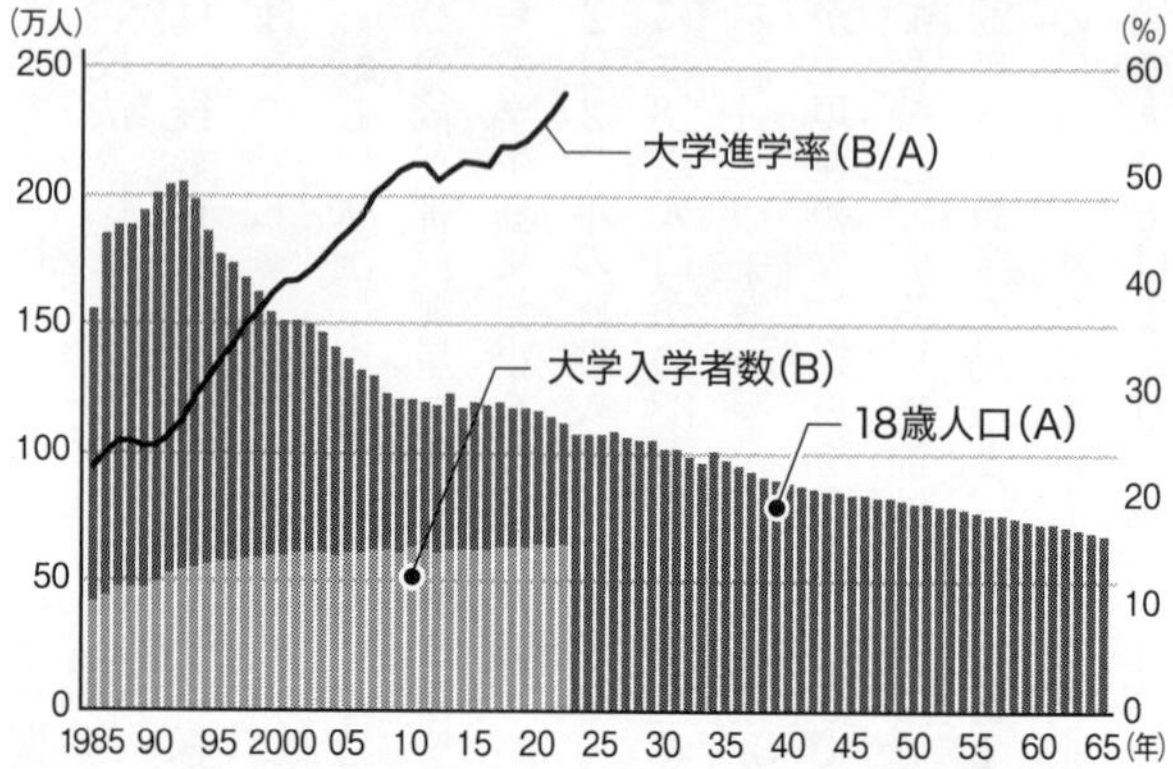

※18歳人口（A）：2022年まで＝文部科学省「学校基本統計」、2023年以降＝国立社会保障・人口問題研究所「日本の将来推計人口（平成29年推計）」中位推計。大学入学者数（B）：文部科学省「学校基本統計」より。

くなるにつれて定員充足率が上がっていく傾向が読み取れます（日本私立学校振興・共済事業団「私立大学・短期大学等入学志願動向」より）。これは以前から見られた傾向です。

２０２２年から40年までの間に減少する大学進学者は12・９万人。（実際にはそんなことはあり得ないと筆者は考えますが）仮に「私大から先に選ばれなくなる」「定員規模の小さな大学から順に選ばれなくなる」という前提で試算すると、これは入学定員８００人未満の私大、計４３０校の総入学定員（13・４万人）に匹敵する数字になります。同事業団の調査対象である５９８大学の、実に72％です。

実際には小規模でも定員を充足させている大学が全国に数多くあるわけですから、あくまでもこれは現実味のない机上の空論に過ぎません。多くの受験生が憧れる、入学難易度が高い小規模大学だってあります。選ばれ続ける小規模大学もあれば、受験生からの支持を失ってゆっくり衰退していく大規模大学だって出てくることでしょう。あるいは、「中退率が高い」「人口の少ない地域にある」「就職率が低い」「財政状況が危険」など、違う理由で先に危機を迎える大学があるかもしれません。

ただいずれにせよ、すべての大学が今と同じままであることはないでしょう。過度に煽《あお》る意図はありませんが、かと言って12・9万人という数字は過小評価もできません。だからこそ現在、規模の大小を問わず、多くの大学が生き残りをかけて改革を進めているわけです。

２００３年に廃止された立志舘大学を皮切りに、学生の募集停止を決める例はこの20年間で相次いでいます。その大半で実は、経営母体の学校法人は存続しています。先述した恵泉女学園大学などの事例もそうですが、複数の大学を運営していたうち1校を廃止する、あるいは大学は廃止するが中学や高校は存続させるといったパターンがこれまでは多かったのです。その一方で、民事再生や破産手続きを取ることになった学校法人も存在しています。

日本私立学校振興・共済事業団は各学校法人の２０１９年度決算を調査し、先述した３つ

の指標に基いて、各学校法人を、

（1）23年度までに破綻の恐れ（レッドゾーン）

（2）29年度末、または30年度以降に破綻が懸念（イエローゾーン）

（3）2年以上赤字（イエローゾーン予備軍）

（4）正常

……の4つに区分しました。その結果、レッドおよびイエローに区分される法人が増えたことがわかりました。

その結果、「レッド」は21法人、「イエロー」は100法人で、計121法人（18・4％）が、経営が厳しい状態に陥っていることになる。「予備軍」は196法人（29・8％）で、正常は341法人（51・8％）だった。

前年度（18年度）決算に基づく調査に比べ、レッドは5法人、イエローは2法人、予備軍は17法人それぞれ増えた。4年制大学に限ると、イエローとレッドは88法人（15・

8％）で、短大に限ると33法人（32・7％）に上った。

（「私大・短大21法人、23年度末までに破綻の恐れ…私学事業団調査」読売新聞オンライン、2021年4月6日付）

今後、日本の18歳人口が増加に転じる可能性は極めて低い。「ない」と言っても良いでしょう。これまでと同じことを続ける限りは、確実に縮小していくマーケットです。となれば、従来とは異なる層を学生として呼び込む施策が必要になってきます。ですが、それも簡単ではありません。

多くの大学が関心を寄せるのは、社会人学生。通信制課程や夜間大学院に注力する大学もあります。ですが法人の経営状況を変えるほどの成果はまだほとんど出ていません。日本企業で働く会社員にとって、安くない学費を払い、貴重な時間を費やしてまで大学や大学院で学び直しをする必然的理由がないからです。ＭＢＡ（経営学修士号）や博士号を取得した途端に給与が跳ね上がる、他の社員とは異なる特別なキャリアパスを約束される、転職市場でオファーが押し寄せるといったメリットがあるなら話は別ですが、現時点ではあまり聞きません。日本の人事・雇用システムが、新卒一括採用、年功序列、終身雇用などを特徴とする、いわゆる「メンバーシップ型」雇用を基盤としてきたことが大きな理由でしょう。

日本では正社員としてひとたび社員を雇用すれば、簡単に解雇はできません。事業内容が急に変化しても、企業の責任下で配置転換や研修を行い、社員の雇用を維持することが求められます。こうした人事制度の中では、特定分野で突出した専門性を持っている人よりも、会社の辞令に従って異動し、必要な業務を覚え、周囲とうまくコミュニケーションを取りながら新しい仕事に馴染んでいける人が重宝されることになります。受験で難関大学に合格したという意味での学歴（学校歴）を重んじたり、「コミュニケーション力」を新卒採用で重視したりといった日本企業の慣習も、こうした事情によるところが大きかったのです。このような社会慣習がある限り、大学が社会人学生獲得のために努力しても、やはり簡単にはいかないのでしょう。

とはいえ、現在はグローバル企業を中心に、メンバーシップ型雇用から通年採用などを前提とする「ジョブ型」雇用の仕組みに人事システムを転換させようとする流れも、各所で見られ始めています。経団連はこれまで学生の新卒採用に関する企業側の倫理憲章、いわゆる「就活ルール」を定めてきましたが、21年春に大学を卒業する学生たちからはそのルールも廃止。現在も政府の主導でルールは維持されているものの、従来の仕組みは徐々に崩れ出しています。一部の企業では、特定の高度なスキルを持っている人材に対して新卒採用直後から1000万円以上の年収を提示するなどの動きも現れています。このように働き方を取り巻く状況が変わってくれば、社会人が大学や大学院で学び直す風潮が今後強まることは考えられます。企業側の動向や、大学側がそのニーズに応えられる魅力的なプログラムを用意できるかどうか次第でしょうか。

また、海外から留学生を集めれば良いという声も聞かれます。確かに魅力的なカリキュラムや学習環境、充実した奨学金制度などを用意し、優秀な留学生の獲得に成功している大学も一部にあります。多様な学生が学ぶ環境を作ることは日本人の学生にとっても大きなメリットとなるでしょうし、長期的に見れば避けて通れない道でしょう。ただしこちらも実現は容易ではありません。

IMD（国際経営開発研究所）が発表する「世界競争力ランキング」によると、日本の国際競争力は1992年の時点で世界1位でしたが、2022年では34位と低迷しています。IMDは教育分野への投資、高度人材の誘致、国内における高度人材の育成という3つの項目から各国の競争力を比較した「世界タレント（高度人材）ランキング」も発表しておりますが、こちらも22年は41位でした。高度なスキルを持った人材にとって、あまり働きたいとは思えない国だという評価です。3項目すべてで振るわない結果なのですが、特に低評価なのが「国内における高度人材の育成」。具体的な評価項目を見ると、国際経験の有無は63か国中63位と最下位で、大学教育のレベルも59位です。

各種の世界大学ランキングでも、東京大学をはじめ日本の大学の評価は低下する一方。ほかさまざまな指標も、学びや就労環境に関する日本の国際競争力低下を示しています。残念なことですが、優秀な留学生からすれば、他の国ではなくあえて日本を選ぶ理由は以前ほど多くないのではないでしょうか。

世界各国から留学生を獲得するためには、世界的な認証を受けた高品質な学位プログラムや、安価で安心な学生寮なども求められます。実際、日本の大学でも海外大学と連携したダブルディグリープログラムや、学生寮の整備などが一部で進んでいます。その一方、郊外の広大なキャンパスを廃止し、都心の高層ビルに移転する例が少なくありません。日本の18歳学生を集める上では、都心の繁華街にあるキャンパスのほうが支持されるからです。ですが都心で十分な人数を受け入れられる学生寮を整備するのは容易ではありません。長期的に見れば都心に通える学生もいずれ減少していきますし、同じ沿線などにライバル大学が移転してくれば当初の目論み は崩れます。大学の経営陣にとって悩ましいジレンマでしょう。

進学率50％超の「誰もが大学で学べる社会」

変化するのは大学進学者の数だけではありません。学生のあり方も大きく変わります。

高等教育の研究で知られる社会学者のマーチン・トロウは、「トロウ・モデル」という理論モデルを提唱しました。進学率が上昇するにつれて大学を取り巻く環境が変わる、それに伴い教育内容や学生受け入れのあり方、管理経営に関わるスタッフの姿などもみな変わっていく……というのが、このモデルの考え方です。

日本の大学進学率は現在50％を超え、トロウが言うユニバーサル・アクセス型の段階へ入っています。大学は勉強のできる人だけが一部の専門職やエリートを目指して学ぶ場ではなく、「社会に出るため」「周囲がみな行くから」といった理由で誰もが学びに来る場になりました。世界レベルの研究成果を上げる大学から、高校までの学修内容を十分に理解しているとは言えない学生に基礎的な学習スキルを習得させる大学まで、極度に多様化した状態です。もはや一言で「大学はこういうもの」と定義することはできません。

メディアはしばしば、四則演算の教育から始める大学のことなどを批判的に報じます。S

〈表１〉Ｍ・トロウによる高等教育システムの段階的移行に伴う変化の図式

高等教育システムの段階	エリート型	マス型	ユニバーサル・アクセス型
該当年齢での進学率	15％まで	15％以上〜50％まで	50％以上
高等教育の機会	少数者の特権	相対的多数者の権利	万人の義務
大学進学の要件	制約的（家柄や才能）	準制約的（一定の制度化された資格）	開放的（個人の選択意思）
高等教育の目的観	人間形成・社会化	知識・技能の伝達	新しい広い経験の提供
高等教育の主要機能	エリート・支配階級の精神や性格の形成	専門分化したエリート養成＋社会の指導者層の育成	産業社会に適応しうる全国民の育成
学生の進学・就学パターン	中等教育修了後ストレートに大学進学、中断なく学習して学位取得、ドロップアウト率低い	中等教育後のノンストレート進学や一時的就学停止（ストップアウト）、ドロップアウトの増加	入学時期のおくれやストップアウト、成人・勤労学生の進学、職業経験者の再入学が激増
高等教育機関の特色	同質性（共通の高い基準をもった大学と専門分化した専門学校）	多様性（多様なレベルの水準をもつ高等教育機関、総合制教育機関の増加）	極度の多様性（共通の一定水準の喪失、スタンダードそのものの考え方が疑問視される）
学生の選抜原理	中等教育での成績または試験による選抜（能力主義）	能力主義＋個人の教育機会の均等化原理	万人のための教育保証＋集団としての達成水準の均等化
大学の管理者	アマチュアの大学人の兼任	専任化した大学人＋巨大な官僚スタッフ	管理専門職
大学の内部運営形態	長老教授による寡頭支配	長老教授＋若手教員や学生参加による“民主的”支配	学内コンセンサスの崩壊？　学外者による支配？

出所：Ｍ・トロウ『高度情報社会の大学』〔喜多村和之編訳、玉川大学出版部、2000〕解説より一部抜粋

NSなどでも入学難易度が低い大学のことを「Fラン」といった言葉で揶揄《やゆ》するコメントをよく目にします。一般選抜ではなく総合型選抜（かつてのAO入試）で大学へ入学する学生が多いということをネガティブに論じる意見も少なからず見かけます。学生を親身にサポートする取り組みを「大学生にもなって、ここまでするのはどうか」と言う方もいます。こうした言説は、トロウが提示した高等教育の変化をわかっていないものです。

四則演算ができぬまま高校を卒業した方が実際に少なからず存在しているのですから、そうした学生を受け入れて基礎教育を施し、社会に送り出している大学の存在は社会にとって大いに意味があります。そうした大学を必要とする方々も確実にいるのです。社会全体が変わり、大学の位置づけも変わってきた以上、学生募集や授業のカリキュラム、学生支援のあり方なども合わせて変化していくのは当然です。そうした現在の姿を、従来の大学像を引き合いにして論じることは建設的ではありません。

トロウ・モデルは、大学教職員に意識改革を迫るものでもあります。たとえば現在、大学に進学してから中退する学生は少なくありません。大学や学部によっては入学者の3割以上が中退している例もあります。大学を取り巻く環境が変わり、それまでとは異なる層の学生を受け入れているのですから、入試広報や入学前教育、初年次教育などのあり方を従来と変えないままでいれば、中退者は増えて当然です。

これまで多くの大学は「全日制の普通科高校で学んでおり、ある程度は自学自習ができる18〜20歳程度」という入学者像を想定してきました。ですが現在は商業高校や工業高校といった専門高校、定時制や通信制高校からの進学者も増えています。こうした学生のニーズに応え、支持される大学になることも大切でしょう。現在は発達障害のある学生など、専門的な支援や配慮が必要な学生も全国の大学で多く学んでいます。教員はもちろんですが、職員にもこうした変化への対応が求められています。

また一方で、教育や研究に求められる成果の水準が上がり、教員の負担が増す中で、教員と職員の役割分担や関係性が従来と同じままであるなら、教員たちはそのうち倒れてしまいます。教育・研究の水準低下にもつながりますし、優秀な教員は他機関や海外に流出するでしょう。

産学連携、地域貢献など大学に求められる役割は年々増える一方です。今後はシニア層が大学で学べるような環境やプログラムの整備も必要になってくるかもしれません。職員が担う業務は高度化、多様化していくことでしょう。いま定年間近のベテラン職員と、30歳未満の職員とでは、生涯に経験する業務の質も量も違ってくるはずです。先輩から引き継がれた業務を真面目にこなすことは大切ですが、誰も体験していない問題の解決にあたらねばならない場面も増えていくと思われます。こうしたさまざまな変化に大学は対応できているでしょうか。いま大学で働いている職員たちは、発想や行動を切り替えられているでしょうか。

市場の状況も踏まえると大学の財務もこの先、安泰とは言えません。現在より少ない人員で、より高度で複雑化した業務に対応することになる可能性は高いです。外部から資金を獲得する、教員や学生に対してより踏み込んだ高度な支援を行う、管理業務を最大限に効率化するといった業務は増加していくことでしょう。

「第三の職種」ＩＲ、ＵＲＡとは？

大学を取り巻く環境の変化に合わせ、職員の役割も変わりつつあります。既に一部の領域では、専門的な知識やスキルを持った職員が活躍を始めています。

教学ＩＲ（Institutional Research）という言葉があります。これは高校時の成績から入学後の学修状況、卒業後の状況まで多種多様な学生のデータを分析し、教育や学生支援に活用する取り組みのことを指します。

データを組織運営に活かすＩＲというアプローチはアメリカの大学で発展を遂げたもので、教学部門に限らず経営ＩＲ、研究ＩＲといった取り組みが存在するのですが、中でも教学ＩＲは、いち早く日本の大学に浸透し始めています。

我が国の教学ＩＲは、教員と職員の間で発展してきた領域と言えます。統計やデータの扱いに長《た》けた教員が元々の専門性を見込まれて教学ＩＲの業務にあたる例もありますし、教務部などで学生のデータを扱っていた職員が、中退予防などに取り組む過程でこの領域に足を踏み入れたという例もあります。どちらのほうが良いということはありません。ＩＲは組織的な取り組みであり、目的に合わせて仮説を立て、必要なデータを収集し、分析し、報告するといった複数の工程で構成されています。職務上、職員のほうが取り組みやすい工程もあれば、教員のほうが力を発揮しやすい工程もあるでしょう。

所属機関のＩＲ専従担当者、あるいはその研究を行う専門家のことを「IRer」と表現するのですが、職員でもこの IRer を名乗る方は年々増えているように思います。大学や企業が企画運営する IRer 養成講座などのプログラムもあります。職員のあり方に変化をもたらす動きです。

ＵＲＡ（University Research Administrator）も、教学部門で注目される専門職の一つです。

一般社団法人リサーチ・アドミニストレーション協議会は、ＵＲＡを次のように説明しています。

ＵＲＡとは、大学などの研究組織において研究者および事務職員とともに、研究資源の導入促進、研究活動の企画・マネジメント、研究成果の活用促進を行って、研究者の研究活動の活性化や研究開発マネジメントの強化を支える業務に従事する人材のこと

研究開発に関する理解や専門知識を備えた、研究者を支える専門職ですね。我が国では研究資金の調達・管理、知財の管理・活用等を担う専門家が少ないため、研究者に研究活動以外の業務で過度の負担が生じているという指摘が以前からありました。文部科学省もこの問題意識に基づき、ＵＲＡの育成・定着を後押しするさまざまな施策を行っているわけです。

このＵＲＡにも、職員からのキャリアパスが存在します。そもそも以前から大学には、「研究支援課」といった部署が存在していました。ここに配属された職員が前任者などから業務を引き継ぎ、結果的にＵＲＡの業務領域に近いことをやっていたケースはあったのです。ただ、自主的に専門知識を習得して高度な研究支援を試みる職員もあれば、作業マニュアル

として引き継げる範囲の業務や、専門知識を要しない範囲の業務しかしない職員もいます。人によって可能な業務の範囲が違うというケースも多かったのですね。そこでより戦略的、組織的にURAを育成しようと、いま文科省も力を入れているわけです。

IRerやURAはしばしば、従来型の教員や職員とは異なる「第三の職種」と呼ばれます。いずれは最初からこの職種を目指してキャリアをスタートさせる方も出てくるでしょう。ただ現時点では教員、職員のいずれかが職務をきっかけにしてIRerやURAへキャリアをシフトさせていくパターンが多いこともあり、専門性を柱にして働くスペシャリスト型の職員を目指す方々から注目を集めています。

ほか教学部門では、国際交流やアドミッション（入学者選抜・受け入れ）、アカデミックアドバイジング（学習上の目的達成支援）などの領域でも専門性の高い業務にあたる職員の例がしばしば見られます。法人部門でも広報や財務、ファンドレイジング（寄付金事業や資産運用などの資金調達）といった領域で、実質的にその道の専門家として活躍されている職員の例があります。

職員の多くは数年おきに部署間で異動するゼネラリスト型のキャリアパスで働いており、新しい配属先で常に必要な専門性を身につける必要があると1章で述べました。今後も大多数の大学職員はこのパターンでキャリアを送るでしょう。一方でIRerやＵＲＡのように、異動で習得できる範囲を超えた高度専門職として働くケースは増えていますし、専門職として働くことを望む職員も、業界全体では少しずつ増加していくのではと思います。

あまりにローカルな日本の大学

大学は国際交流の機会が多い場所でもあります。現在、多くの大学が留学生の受け入れや送り出しに注力しています。受け入れた留学生の支援に関わる仕事では、相応の語学力やサポート能力が求められます。ここも職員が専門性を発揮しやすい領域の一つでしょう。英語はもちろんですが、中国や韓国から多くの留学生を受け入れる大学では、中国語や韓国語でコミュニケーションできる職員がいるケースもあります。留学先となる海外機関とのやり取りのほか、国内では地元の役所や入国管理局などと連携する場面も少なくありません。誰もがこなせる業務ではないですね。

学生の海外研修等に引率スタッフとして参加したり、海外からの問い合わせに対応したりと、語学堪能な職員の出番は少なくありません。留学生たちの悩みを理理解し積極的にサポートできるという点も考えると、対応する職員自身が留学経験者であることが本来なら理想的なのでしょう。

学問領域によっても差はあるでしょうが、大規模校でなくても、あるいは国際交流の窓口でなくても英語力が必要になる場面はあります。私が教務部の職員として働いていた当時、海外企業へ就職するという卒業生から「卒業証明書や成績証明書を英語に翻訳して送ってほしい」という問い合わせを受けたことがあります。翻訳作業自体を私がすることはありませんでしたが、何が書かれているのか教務の担当者が理解できないというわけにもいきません。アドミッションセンターや図書館が海外からの問い合わせに答えたり、海外から来たゲストに窓口で対応したりと、語学スキルはあって困りません。

大規模校などでは海外に事業拠点やサテライトキャンパス、研究施設、附属校などを持っているケースもあり、こうした部署も職員の異動先になり得ます。さすがに英語がまったく話せない人を海外拠点に赴任させるケースはないかもしれませんが、逆に英語が得意であるなら多様な経験ができるチャンスです。

キャンパス全体を国際化する大学は増えています。たとえば国際基督教大学（ICU）では伝統的に学内すべての掲示物が日本語・英語の二言語併記で、卒業生に送付される同窓会誌にまでこのルールが徹底されています。留学生を多く受け入れている大学では、このように学生とのコミュニケーションに英語が必要な例が多々あります。

芝浦工業大学は、文科省が行う「スーパーグローバル大学創成支援事業」に私立の理工系単科大学として唯一採択されました。受け入れ留学生の大幅増、全学生に単位取得を伴う海外留学を経験させる等、意欲的な構想が評価されたものです。そんな同大の構想には「職員に占める外国人及び外国の大学で学位を取得した専任職員等の割合を、2023年までに33・3％まで引き上げる」という項目があります。正確には外国籍の職員、外国の大学で学位を取得した日本人職員に加え、外国で通算1年以上の職務・研修経験のある日本人職員もここに含まれるそうです。実際に同大ではその後、条件に該当する職員の採用を進めつつ、日本人職員を対象とした研修も展開しているようです。

教員と学生だけをグローバル化すれば良い、という時代ではありません。職員にもグローバルな大学に相応《ふさわ》しいスキルや姿勢が求められるようになってきました。

大事なのは語学力だけではありません。グローバルな大学を目指すとなれば、世界標準の大学教育システムを意識した運営も求められます。たとえば成績管理や単位認定の仕組み。国境をまたいで学ぶ学生にとって、不都合がないようなルールにすることが必要です。各授業に割り振られた履修登録番号なども、これまで多くの大学では主として履修登録のために、学内だけで通用するルールで番号を付けているケースも多かったのではないでしょうか。アメリカでは、初級レベルの授業に「経済学　101」など100番台の番号を振り、200番台、300番台と上がるにつれて上級レベルの授業になっていく仕組みを採用している大学が多いのですが、日本でも学生の留学に積極的な大学では、これとほぼ同じルールで授業をナンバリングしています。

現時点では、世界標準への対応状況という観点で見ると、日本の大学はさまざまな問題を抱えていると言わざるを得ません。

たとえば大学を卒業すると学士号が授与されます。現在、学位は「学士（工学）」や「学士（経済学）」のように、後ろに専攻表記を入れた形で記載されます。この専攻表記ですが、かつては大学設置基準によって29種類と定められていました。1991年にそのルールが緩和され、各大学が自由に定められることになった結果、2015年の時点で723種類にまで急増。うち66％は一つの大学でしか用いられていない表記でした。(3) 91年頃はちょうど18歳人口が急激に減少し始めたタイミングでもあります。日本の高校生を意識するあまり、「本学でしか学べない学問です」という触れ込みで各大学が独自の学部・学科を乱立させた。その結果、高校教員も進路指導が不可能になるほど多様化してしまったのです。結局のところ何を学んだのか想像できない造語の学科名称も少なくありません。

ここまででも大学側の施策には反省すべき点が多いのですが、さらに問題なのは学位の国際通用性です。大学が授与する学位には通常、英語表記した場合の名称もあらかじめ定められています。たとえばアメリカの大学であれば、人文・社会科学系では Bachelor of Arts、自然科学系なら Bachelor of Science とするのが一般的。より詳しく専攻分野を表記したい場合は Bachelor of Arts in Economics のように後ろに書き添えます。日本の大学が授与する学士号の専攻表記で、このルールに従って英語表記をしているのは3割程度。全体の7割は、Bachelor の後ろに学科名をそのまま英訳した言葉を記述するなど、独自の表記です。ぱっと見て専攻分野が理解できるのならまだ良いのですが、日本語でもイメージしづらかった学位名称を、そのまま直訳してしまったような学位もあります。これで世界共通の証明書たり得るのか、少々心配です。

地元の高校生の興味を引こうとするあまり、若者受けの良い「国際」「情報」「子ども」といった単語を組み合わせたり、聞き慣れないカタカナ語を織り込んだりと、多くの大学がオンリーワン学部をこれまで作ってきました。グローバル化を目標に掲げながら、やってきたのはむしろローカルしか見ていない施策だったのです。場当たり的な学生募集戦略のツケは、学生や卒業生が背負うことになります。学位が世界共通の証明書であることを、大学自身が軽視してきたのではないでしょうか。

これらは一例に過ぎません。教育システム自体に国際通用性を持たせるとなれば、職員にも世界の大学教育の理解が求められます。

〈注〉

(2) 2040年の大学進学者数は文部科学省「大学への進学者数の将来推計について」(2018年2月)より

(3) 高橋望、森利枝「学位に付記する専攻分野の名称の多様性の構造」(『大学研究』第45号〔2018年12月〕)

コラム2　モデルとしてのアメリカの大学職員たち

1990年代以降、日本で大学改革について進められてきた議論には、諸外国の大学制度、とりわけアメリカの高等教育を参考にしたものが多かったように思われます。授業計画や評価基準を事前に知らせる「シラバス」や、国際的な成績評価の表記法である「GPA」、一度に履修できる授業数に制限をかけることで学修時間をきちんと確保させる「CAP制」など、日本の大学生にとっても身近になった仕組みは多いですね。

先述した教学IRのほか、入学前から卒業後までの学生の状況を把握し支援へと結びつける「エンロールメント・マネジメント」、経営や教育研究活動等について外部機関から評価を受ける「認証評価制度」など、大学のマネジメントに関わる取り組みもあります。すっかり定着した「アドミッションオフィス」という言葉も、元々はアメリカの大学で入学者選抜を取り仕切るチームを意味する言葉です。挙げ出せばキリがありません。

大学職員のあり方についてこの30年ほど日本で行われてきた議論にも、アメリカの高等教育機関をモデルにした意見が少なくありません。

そんなアメリカの大学職員について簡単にご説明します。アメリカの大学も州立や私立など設立形態はさまざまですし、州立大学を取り巻く環境や制度も州ごとに異なります。数十万人もの学生を抱える巨大な州立大学システムから小規模なリベラルアーツカレッジ、さらには地域での身近な高等教育機関であるコミュニティカレッジまで、本当に多様です。

働き方の大前提として、アメリカの雇用システムは基本的にジョブ型雇用です。日本のように長期雇用を前提にせず、ポストに空きがあるときに相応しい人材を募集し、雇用する仕組み。大学を運営するスタッフたちもこれは同様です。日本では人事部が採用活動を主導しますが、アメリカの大学ではポストを用意する各部局が選考を実施。人事部門はその支援をする程度です。そこでは必要な学位や職歴を持っているかが主に問われることになります。

日本における「大学職員」と厳密に同じ意味を指す言葉は見つけることが難しいのですが、Administrative Staffといった言葉が位置づけとしては近いでしょうか。専門職としての職員はAcademic Staffなどと称されることもあります（Administratorという言葉もありますが、こちらは学長や副学長、学部長といった上級管理職を含むことが多いようです）。

『The Chronicle of Higher Education』は高等教育の話題を専門的に扱うアメリカのメディアで、世界中に読者を持っています。その求人欄には教員や学長などの上級管理職に加え、職員のポストも掲載されています。

同紙のウェブサイト版にある求人情報は、検索可能なデータベースになっています。たとえば「Administrative：Student Affairs」の求人欄には、以下のように職務領域ごとの求人情報が掲載されています。

- Academic Advising & Academic Support Services（１０２９件）
- Admissions, Enrollment, Retention & Registrar（９３２件）
- Athletics（５２２件）
- Counseling（７６４件）
- Disabled Student Services（８６５件）
- Financial Aid（４４７件）
- Health Services（１５３９件）
- Minority & Multicultural Affairs（７７０件）

（The Chronicle of Higher Education：JOBS　https://jobs.chronicle.com より一部抜粋。2023年2月末時点での情報）

個々の求人情報には、業務内容や労働条件、必要なスキルや知識などが詳細に記載されています。基本的に学士号は必須で、ディレクタークラスでは修士号以上を求めるケースも珍しくありません。所属する部門によっては「学生支援、教育、心理学、またはそれに関連する分野の学士号」などと、学位の専攻分野が指定されていることも。「少なくともこの領域で5年以上のキャリアがあること」「ここに挙げるようなデータ分析ソフトウェアに精通していること」といった要件も並びます。給与が明記された求人も多いので、興味のある方は一度、アクセスしてみることをお勧めします。それこそ年収1000万円以上、中には2000万円以上のポストもすぐに見つかります。ただしそれらに応募するためのハードルは低くありません。

高度な専門業務やマネジメント業務ほどポストが専門分化しており、それぞれの職務領域でプロフェッショナル人材の転職市場が作られているという印象です。日本とは異なり、同じ組織に長く勤めていれば自動的に職階が上がり、給与水準が上がるということはありません。教員にはテニュア（終身在職権）という仕組みがありますが、職員にはほとんどの場合、契約期間が設定されています。そのため人材流動性は高く、自分に合うポストを求めて転職する方もいます。

アメリカでは日本より早く、高等教育のユニバーサル・アクセス化が進行しました。その中で職員を取り巻く労働環境も変化してきたという経緯があります。日本の今後を考える上で、その歴史や現状を知っておいて損はありません。

就職活動の時…
学生時代
大学職員とかどうかな～
自分のやりたいこととかよくわからん…
えっ
大学職員!?
めっちゃいいですね!!
ネットでラクな仕事ランキングに入ってますよ!!
楽な仕事ランキング
1位 ニート
2位 大学職員
3位 公務員
なんだとー!! じゃあマジメに受けるわ!!
見事内定
実際どうだったん?
ぱっ
実際…? そうですね…
入試課は6月、休みがほぼとれませんでした…
ははは
ははは
通常業務
オープンキャンパス
全国入試説明
上司
行ける?
ヤダけど
…ハイ
繁忙期も各部署ごとに一応ありますっ

大学マイスター倉部の 四コママンガ解説 ③

マンパワーで成立させている業務も、実は結構多いのです。個々の教職員の献身的努力で乗り切る場面も、しばしば見かけます。
その尽力ぶりに頭が下がります。

3章
「大学業界らしさ」の良さ、悩ましさ

ライバル校と協力⁉

ここまで大学職員の実態は多種多様であると繰り返し述べてきました。その上でしかし、確かに職員らしさ、業界の特徴と呼べそうな要素もあるように感じます。

他大学の方々と一緒に学び合う機会が多いというのは、その一つでしょう。私は2021年度および22年度に「私立大学庶務課長会・職員基礎研修会」という研修会で基調講演を行っております。これは私大入職後3〜5年の若手職員を対象にした合同研修会で、1984年からずっと続いている取り組み。21年度は42校から189名の職員が参加しました。この42校の中には、客観的に見て明らかに学生募集上の競合校という間柄の大学も少なくありません。同じ地域のライバル同士が、「本学ではこんな問題が生じていて、困っています」「本学ではこんな手法で問題を解決しました」などと、課題や解決法をグループワークで共有し合うのです。

この会に限らず、大学間の情報共有や学び合いの場となるコミュニティは全国に数多く存在します。国立大同士、公立大同士をつなぐ機関もありますし、日本私立大学協会、日本私立大学連盟など私学のネットワークもあります。大学コンソーシアム京都や大学コンソーシアム八王子など、大学連携の推進を目的にしたコンソーシアム機関が全国各地にあり、そこでも合同で研修会などが実施されています。さらには「同じ地域に所在し、かつ同じ学問領域で活動している単科大学同士の集まり」のように細分化されたグループも。ここまで絞られると一般的な感覚では完全にライバルのはずなのですが、合同研修のみならず、相互にキャンパスを視察し合い、教育や研究、運営に関する課題を持ち寄って話し合い、互いの取り組み結果やノウハウを共有し合ったりと、さまざまな形で連携しています。研修会の幹事校は時間をかけて事前準備をし、参考資料を惜しげもなく参加者に配付します。

民間企業からの中途採用者などは、「なぜ大事なノウハウを開示し合うのか？」「危機感がないのでは……？」などと違和感を覚えるかもしれません。私も当初はそうでした。ですが、これが大学業界らしさなのです。ある一面では確かに競合相手だけれど、非営利組織として教育研究を担う組織としては仲間でもあるという意識を多くの関係者が共有しています。さまざまな意見があるところでしょうが、私自身は良い風潮だと思います。

ただし物事には裏表の両面が存在します。相互に教え合い、学び合う慣習は素晴らしいものですが、弊害として、「自学でゼロから検討せずとも、他大学の動向を調べて模倣すれば良い」という横並び主義が、結果的に組織全体や各職員に発想として根付いてしまうケースも見受けられます。物事を企画する際、何のために行うのか、どのようにすれば目指す成果を自学で出せるのかといった検討よりも、「競合校は実施しているのか」をまず気にしてしまう。現場の職員がボトムアップで企画した新しい取り組みでも、競合校でやっていない、業界に前例がないという理由で実現できない。逆に他大学で評判となった取り組みがあれば、さまざまな条件の違いがあるにもかかわらず、自学でも同じようにせねばという話になる。これもまた「大学らしさ」の一面であるように思われます。

大学職員を志望した動機として、「民間企業のように売上等の数字を追う必要がないから」といった意見をしばしば耳にします。後述しますが、これは事実ではありません。数字を追わなくて良いというのは誤解です。ただ確かに、民間企業ほど「数字を追う」という意識に切迫感がないというのは、多くの大学組織や職員の間に流れる空気として感じるところです。たとえば前年に比べて志願者数が減少したとして、学生募集を手がける入試広報部の部長や課長が責任を取らされたという話はあまり耳にしません。そもそも事業の最終的な意思決定者が誰なのか、失敗の際の責任を誰が負うのかが明確でないことも。数字を追わなくても良いという空気が流れる職場が、さらに転じて「責任を負わなくても良い」職場になっている面があるかもしれません。

そのような組織では「責任者が誰かはわからないが、会議で検討を重ねていくうちに決まっていた」という形で物事が決定されることがままあります。加えて大学では重要な意思決定を検討する場にしばしば教員が同席します。教員が検討し決定したことを職員が実行するという構図で物事が進むケースは少なくありません。規定上そうなっていることもあれば、「慣習上、教員が責任を負うことになっている」というケースもあります。教員サイドが意思決定の主導権を積極的に握って手放さないというケースもあれば、職員サイドが体よく教員に責任を押しつけているケースもあるでしょう。

「数字は追わなくてよい」は本当か？——要因① 非営利組織ゆえの困難

さまざまな「大学職員らしさ」に共通する点は何でしょうか。またそれらの「大学職員らしさ」が生まれる背景には何があるのでしょうか。私からは3つの要因を指摘したいと思います。職員を目指す方、仕事で大学と関わる方には特に知っておいていただきたい点です。

大学は非営利組織です。これまでも述べてきましたが営利企業と異なり、大きく利益を上げることが大学の目的ではありません。建学の精神や教育理念など、ミッションを達成するため、質の高い教育や研究活動を安定して続けていくことが大学の存在理由です。営利企業で働く社員にとって、収益の最大化は極めて重要な目標です。顧客を満足させたり、事業を通じて社会に貢献したりと、企業は金額だけでは測れないさまざまな価値ももちろん生んでいます。ですがその上で、そうした取り組みの結果として「利益が上がる」ということはやはり大切。競合他社より多くの収益を上げる、前年度から少しでもアップさせる等、収益の最大化は組織の目的そのものにもなります。営利企業である以上、収益アップを目指すことには何の問題もありません。

非営利組織ではそうもいきません。たとえばある大学が「国際性を備えた人材を育成する」という教育理念を掲げているとします。では国際性を備えた人材というのは、具体的にどのような人材でしょうか。高い語学力を有している、留学経験がある、多文化環境で協働できる、などでしょうか？　だとすると、学生の語学テストのスコアアップや、留学生の受け入れ・送り出し人数アップなどを目指すべきなのでしょうか。英語圏を重視すべきか、それとも積極的に多様な言語圏に学生を送り出すべきか、どちらがこの大学の「国際性」を実現していると言えるでしょうか。学問領域としては国際学部で良いのでしょうか。国際性を備えた技術者や医療専門職の育成は、ミッションには入らないのでしょうか。既存の学部の学習環境を国際的にする必要はないのでしょうか。

入学定員を絞って、少人数教育を徹底すべきでしょうか。それとも多くの学生が学べる環境を目指すべきなのでしょうか。トップ層をより伸ばす教育と、すべての学生に一定水準以上の成長を約束する教育のどちらを目指しましょうか。できるだけ多くの学生が4年間で卒業できる大学と、留学や海外インターンシップに積極的な学生が柔軟に卒業時期を延ばせる大学のどちらが良いでしょうか。キャリア教育のゴールはどのように設定しましょう。学生一人あたりの学費はどう設定すべきでしょうか。授業料以外の財源確保策として、寄付金戦略や資産運用ではどのような目標を設定しましょうか。

……などと考え出すと、際限がありませんよね。「国際性」の一言だけを取り出しても、どこを目標にするのか、どのようなアプローチでそれを達成するのか、どうなったら達成したと言えるのか……と、さまざまな指標が浮かび上がってきます。

大学では授業料等を集めて収益を最大化することよりも、ミッションを十分に達成することのほうがより上位の経営目標になります。もしも大学が利益最大化だけを目指すのなら、授業には手間をかけず、学習環境にも余計なお金をかけず、教職員数は大学設置基準が示すギリギリの水準まで削減。教育水準を無視して可能な限り多くの入学者を国内外から受け入れ、でも学生のサポートは最低限……といった運営方針が最も合理的ということになりかねません（実際、まともな教育を行っていないのにお金さえ払えば学位を出す、ディプロマ・ミル〔学位工場〕と呼ばれる組織や非認定大学がアメリカでは以前からしばしば問題にされています）。

大学には、利益以上に大事な目的があるのです。

利益最大化というわかりやすい経営指標がある営利企業に対し、ミッションが複雑な非営利組織。ある意味、企業よりも高度で難易度が高い課題に取り組んでいるのが、大学のマネジメントと言えるのではないでしょうか。

つまり「大学職員は数字を追わなくて良い」というのは誤りで、「追うべき数字を自ら決めねばならない」うえ、「その数字が極めて多岐にわたる」というのが実態なのです。教育環境を充実させれば財務状況は悪化する、華やかな広報戦略で志願者数を増やせば入学後のミスマッチが増えて中退率が上昇するなど、追うべき数字が二律背反してしまうこともしばしば。そのような中で建学の精神などに立ち返りながら、どうするのがこの大学らしいあり方なのかと考え続けることが職員にとって大切です。

大学が上げるさまざまな成果には、金額で評価しにくいものが少なくありません。「学生がイキイキと自分の考えを述べるようになる」というのは誇るべき教育成果だと私は思いますが、その価値は数字で評価しづらいですし、収益に直結はしません。職員の仕事も同様で、多くの学生に声かけをした、地域市民からの要望に積極的に応えた、図書館の独自企画を増やした、教員が研究しやすいように細かな手続きのあり方を改善したなど、価値ある仕事を積み上げても、その成果は見えづらかったり、すぐに数字として効果が表れなかったりします。目指す成果や評価軸を自分たちで決めねばならないという点は、職員としてのやりがいにつながるポイントであると同時に、仕事のやりづらさにもつながっているように思われます。

ミッション達成を目指す非営利組織においては、管理職のマネジメント能力が企業以上に重要です。「この部署の目標は前年比〇〇%の売上達成」といった明快な組織目標があれば、その売上につながる施策を考え、売上に大きく貢献する部下を評価すれば良い。でも教務課や学生支援課には、売上額のように自明な達成目標は与えられていません。「今から3年かけて中退率を〇%減少させよう」「課外活動が活性化し、さまざまな分野で学生が成果を上げられるようにしよう。まずは手始めに、学内施設の稼働率を〇%以上にするために必要な施策のあり方を皆で検討しよう」など、その部署のリーダーが組織の課題を理解し、現状と将来目標を踏まえて自ら目標を設定し、経営陣を説得して必要なリソースを確保し、達成のために部下をマネジメントしなければならないのです。

しかし実際には、国公私立の種別を問わず、このようなマネジメントを行っている職員はそう多くないかもしれません。学生の悩みを減らそうと積極的にデータを集めて解決策を練り上げても、上司から「あなたに与えられた仕事ではない」などと言われて評価につながらない。それどころか「余計なことをするな、引き継いだ業務だけやっておけ」と上司に疎《うと》まれる原因にすらなる……なんてぼやきも、現場の職員の間でしばしば聞かれます。

非営利組織のマネジメントは本来、相応の専門的な知見やスキルが問われる職務です。経営学の分野で世界的に知られるピーター・F・ドラッカーやフィリップ・コトラーなども非営利組織の経営について数多くの研究成果や著書を残しています。そうであるにもかかわらず日本の大学職員の多くは、そこで必要となる知識を学ばず、最低限の実践もほとんど経験しないまま管理職ポストに就いてしまう。その根底に「大学職員は数字を追うような仕事ではない」という誤解があるのではないでしょうか。

マネジメントに必要な知識は座学でも学べますが、実践力を磨くためには、「小さなマネジメントを繰り返し経験する」という方法が最も効果的です。学生の様子やさまざまなデータから何らかの仮説を立て、検証し、問題解決のための施策を考えるという一連の流れは、別に管理職でなくても経験できることです。別にいきなり組織全体を変えなくても良い。与えられた小さな業務の中でも問題発見・解決のトレーニングはできます。入職1年目からこうした仕事に着手して構いませんし、むしろ早くから組織として若手にこうした経験を積ませないと人材が育ちません。

大学の職員組織では、このような仕事の仕方を経験しないまま管理職になってしまったために部下の育て方がわからず、先輩職員の年間ルーティンワークを正確に引き継がせれば「これで彼は仕事を覚えた」と考えてしまうような中間管理職も少なくないようです。問題発見・解決ができるようになるよう、部下に適切な問いを投げかけたり、状況に応じて必要な視点や手法を提示したりすることも本来は上司や管理職の役目。非営利組織の管理職にこそ本当は、企業以上にこうしたマネジメントのトレーニングや実践経験が必要なのですが、それが不十分な大学もまだまだ多いのではないでしょうか。

ザ・お役所仕事——要因② 規定主義という足枷《あしかせ》

見出しに「規定主義」と掲げましたが、そう言われても、耳慣れなくてピンとこないかもしれませんね。そこでまず「大学職員あるある」ネタからご紹介しましょう。


「Aのように手続きを取ることを原則とする」

「しかしBのようなケースはどうしましょう。原則通りには進められないのですが」

「では例外措置として、Bのような場合はCのように処理することとしよう。その判断基準はDのように定め、処理のために別の書式を用意しよう」

「E学科では、先生方の方針で他学科とは全く異なる制度運用がされているのですが」

「ではE学科のみの例外的な手続きフローを設けよう。こちらも専用の書式が必要だ。マニュアル化し、担当する職員には今後引き継いでいくことにしよう」


……などと規則による手続きのプロセスを厳格に守ろうとするあまり、本来なら一種類で済んだはずのフローが際限なく複雑化。こうした細かな手続きの流れがマニュアル化され、前任者から後任者へと引き継がれていくことに。こんなことを繰り返していくうちにいつしか「この例外的な手続きは、なぜ存在するのだろうか」と、後任が経緯を把握できない事態を招くことになります。教員や学生に対して職員が提示するさまざまな手続きで、しばしばこのような業務の自己増殖が見られるように思います。

この例のように、大学運営はさまざまな法律や規定の上に成り立っています。学校教育法や大学設置基準など国が定めるルールもあれば、学内の細かなルールを定めた独自の規定まで、そのあり方は実に多種多様。公的な機関である大学では法律や規定にきちんと則った、透明性の高い事業や経営のあり方が求められます。学内規定を定めるプロセスも、正式な手続きに沿ったものである必要があります。ときには煩雑で面倒な場面もあると思いますが、大学にとってこうしたルールを守ることは非常に大切です。国家権力や独裁的なリーダーなどから大学の独立性、自律性を守り、健全な教育研究を続けていく上でも軽視すべきでないものです。これを規定主義とここでは表します。

国が定める大学設置基準に関して言えば、日本有数の規模を誇る巨大な学校法人から地域密着の小規模校まで、基本的にはどこも同じルールに従っています。そのために必要な業務も、規模の大小は違えどすべての大学で発生しています。日本一の大企業と地域の町工場が、同じマニュアルを見ながら事業を営んでいるようなものでしょうか。

こうした規定主義は教職員、特に職員の業務のあり方に強い影響を与えています。守るべき規定があるという事実は何よりも優先されねばならない……となると、どうしても業務は手続き主義、文書主義、形式主義になりがちです。何のためにその規定があるのかという理由よりも、正式な手続きを瑕疵《かし》なく進めることがしばしば目的化してしまう。もちろん優秀な職員や問題解決志向のある職員であれば、常に規定の目的や背景を考え、理解した上で適切な対応法を考えるでしょう。そのような実践をされている職員も全国の大学に数多くいるはずです。一方で右から左へ書類をまわすだけ、ルーティンとして手続きを処理しているだけという方もいるのではないでしょうか。

学生のためを考えた結果として、マニュアル化されていない対応や、慣習として引き継がれてきたこと以上の支援を学生に行ったという職員は多くの大学にいます。そのとき、「前例から外れる対応はダメ」と上司や同僚に注意されたり、「あいつは困った奴だ」という評判が部署内で広まったり、さらには人事評価で他より低い評価を受けたりする例が残念ながら少なからず存在するようです。以前からしばしばこうしたぼやきを耳にしてきましたが、本書の執筆にあたって多くの職員の方にお話を伺い、多くの意欲ある職員がこうした現状に不満を覚えていることを再確認しました。前任者がやっていたことだけ、規定されたことだけが「仕事」だと考えている職員は残念ながら少なくありませんし、組織や部署によってはそうした方々が大多数を占めて重要なポストに就いていたりします。規定主義自体には問題がないのですが、行きすぎた場合はしばしば仕事の目的を見失う原因にもなります。

同じ規定に従って業務を行うにしても、担当する職員によっては学生や教員のことを第一に考えた、価値あるアウトプットが生まれます。そうでない職員が担当すれば本当に最低限の、悪い意味でお役所的な手続きになり得ます。規定主義の原理で動く組織でこそ、実はその規定の本来の目的、「規定の先にあるもの」を考えた対応をできるかどうかが大きな意味を持つのです。最近では地方自治体の役所でも市民満足度の向上を掲げ、親身になっての相談対応や提案などを打ち出す事例が増えていますし、大学にだって同じことは可能であるように思われます。規定は極めて重要ですが、ただ規定の文言通りに書類を処理するだけであれば、その職員が介在する価値はあまりないでしょう。ＡＩやＤＸ（デジタル・トランスフォーメーション）などの導入で業務の自動化・効率化が進めば淘汰されてしまうかもしれません。

歴史学者・政治学者のシリル・ノースコート・パーキンソンは、イギリスの官僚機構を観察・分析した結果から、「仕事の量に関係なく、役人の数は増え続ける」という「パーキンソンの法則」を発表しました。そのような結果が引き起こされる背景として、「役人はライバルではなく部下が増えることを望む」「役人は相互に仕事を作り合う」といった要因があるとも述べています。この二つの要因が相互に働く結果、仕事の量と役人の数が自己増殖してしまうというのです。

大学職員の業務も、過度の手続き主義によってしばしば自己増殖します。冒頭に掲げた「あるある」ネタが、まさにこれに当てはまります。

国立と私立、異なる複数の大学で執行部の業務を経験した方から聞いた話です。ある国立大には全学あわせて経理担当の職員が80名もいた。その後、より学生数の大きい私大に移ったところ、そこでは全学の経理業務を10名程度で処理していたとのことでした。同じ業務を処理するにも、前者では複雑な手続きのもと、専用の書式に記入し、数多くの上司の決済を仰がねばならない。対して後者では業務が合理化、デジタル化されており、手続きを進めることに対してかかる時間や手間が大幅にカットされていたそうです。国立と私立では規定のあり方や必要な書類の数に違いがある、という要因は大きいかと思いますが、「本当にそのやり方は、今後も必要なのだろうか？」と考えさせられる事例です。

大学はさまざまな物事を合議制で議論し、決定する組織でもあります。重要な決定事項の多くは正式に位置づけられた、然るべき会議体によって検討されているはず。上から下へ、決定事項を伝達する正式な流れもそれなりに存在するはずです。しかし、「そんな決定、私は聞いていないぞ」「そんな規則には従えない。私が納得できる対応をしろ」という横槍やクレームが来ることもあります。その際に「○○先生は対応が難しいから、○○のように処理せよ」という裏のマニュアルを用意して対応する職員組織もあります。こうして細かなルールがますます増殖していくことに……。これでは人手がいくらあっても足りません。

「規定に詳しい」というのは本来、職員が強みにできるポイントでもあります。たとえば「こんなことを実現させたいのだけれど、どうすれば良いだろうか」と教員から相談を受けた際、「であれば、この規定を適用するのが早いと思いますよ。この補助金も使えるかもしれません」などと、規定についての知識を上手く利用しながら、教員が思い描く教育や研究の実現をサポートすることもできます。まさに、職員に期待される役割でしょう。規定主義はしばしば問題の源にもなりますが、課題解決のためにそれらを賢く運用、活用できる職員は組織で重宝されるはず。文面に過ぎない規定に、命を吹き込むのは職員の仕事です。

「本当の上司」は誰だ？——要因③複雑なガバナンス

大学を取り巻くガバナンスは、少々複雑です。私大を経営する学校法人を例に挙げましょう。経営に関わる最高意思決定機関は理事会であり、実質的な経営トップは理事長。重要事項を決定する場合は、評議員によって構成される評議員会の意見を聞くことなどが私立学校法で定められています。このあたりは、企業の取締役会に似たところがありますね。こうした法人全体のマネジメントを司る組織があり、そのもとで大学や附属高校などの学校が経営されています。

既に述べましたが、学校法人に職員として採用された場合、法人部門に配属されることもあれば、大学の教学部門で働くこともあります。前者の場合は、理事長を頂点とするピラミッド型の組織で、企業の社員に近い働き方をすることになります。

教学部門に配属された場合はどうでしょうか。法人全体のトップはもちろん理事長なのですが、そこに大学組織のガバナンスも関わってきます。一般的に大学の代表者、最高責任者とされているのは「学長」。学校教育法にも「学長は、校務をつかさどり、所属職員を統督する」と定められています。学長のもと、教員や職員が協力し合って教育や研究を行っているわけです。そして1章でも触れましたが、教員と職員は、それぞれが異なるガバナンスの中で業務に就いています。

教学部門で働く職員も法人部門と同様に、基本的には上意下達のピラミッド型組織で動いています。企業と同様、部長、課長、係長といった職階も存在します。しかし教員のほうは違います。学長、副学長、学部長、学科長といった役職はあっても、職員サイドにおける職階とは意味合いが異なります。教授や准教授、講師、助教など、組織内での職務や待遇には違いはありますが、それぞれが独立した研究者であり、別に准教授は教授の部下ではありません。

教学部門で働く職員にとって、もちろん学長や副学長はマネジメント責任者ですから、間違いなく上司です。また教務部長や学生支援センター長といった部門トップの役職に教員が任期制で就くことは多く、そうしたケースでは名実ともに上司となります。ただ、こうした事例を除けば、「教員は職員に指示命令する権利がある」なんてことはありません。もちろん大学の教育研究の柱は言うまでもなく教員であり、多くの大学職員は教員を「先生」と呼んで、大学の中核として下にも置かない接し方をしているはずです。職員の役割はあくまでも教育や研究の「支援」であり、そこに関わる重要な決定事項においては教員に指示を仰ぐべきだと考える方は多いでしょう。ただしそれでも、上司ではないのです。

たとえば正式な上司である課長（職員）の指示と、たまたま問い合わせてきた教員の主張とが食い違っていた場合、どうしましょう？　あるいは自分の部署が長年かけて議論し、計画してきた取り組みに対し、「そんなものより、こっちに力を入れてくれ」という依頼（？）が教授たちから寄せられてきたら、どうすべきでしょう？　多くの職員がこうした悩みに日々、ぶつかっています。

一般論としては、もし横暴な要望や批判が寄せられたのなら、たとえ相手が教員であっても臆せず意見を述べるべきでしょう。あるいは「大事な意見だけど、そのまま通すことは難しいな」という要望を受けたのなら、柔軟に、可能な範囲でのベストな解決策を探る姿勢が望ましいと思います。こうした判断や対応を個人ではなくチームとして行える職員組織が理想的ですし、毅然とした姿勢と建設的な提案力を備えたリーダーが管理職として部署の業務を取り仕切っているなら最高です。実際にはしかし、「先生の言うことには従っておこう」と場当たり的な対応をしてしまう職員も少なくないように思います。

全体が一つのピラミッド型組織としてマネジメントされていたならば、指示命令系統としてはわかりやすいのですが、実際にはそうではないのが、少々難しい点です（教員と業務の中で接する機会が限られる法人部門の職員は、その点で教学部門で働く職員と、意識がかなり違っているようにも思います）。二つのガバナンスが共存する組織という点は、国政や地方自治体における政治家と役人の関係性にも似ている気がしますが、この二者ほど明確に役割や責任が区分されていないだけ、大学のほうが判断に迷う場面は多いかもしれません。

大学と附属校、本部とサテライトキャンパスなど、他にも職員の働き方を左右する要素は数多くあります。「本部キャンパスでの決定事項がサテライトキャンパスに下りてくる」といった表現をしばしば職員の皆様から聞きます。企業でいう本社と地方支社のような関係性を感じている方は少なくないようです。大学では企画部門で活躍していた職員が附属校の事務室に配属された途端、「事務の人」としてルーティンワークだけしか期待されなくなる、といった事例も先にご紹介しました。

そして無視できないのが文部科学省という中央省庁。国立大学法人は言うに及ばず、私立にとっても経営に多大な影響を及ぼす重要な存在です。文科省が打ち出す方向性によって、各種の補助金などを受け取れるか否かも変わってきます。国の顔色を見ながら経営方針を考えざるを得ないという法人も少なくないのではないでしょうか。医療系や保育系の学部・学科を持つ大学なら厚生労働省、法科大学院を持つ場合は法務省、技術系の国家資格が関係する場合は国土交通省や総務省など、各中央省庁の動向に対応せねばならない部署は多々あります。

公立大学法人の場合、設置者の地方自治体の影響も無視できません。知事や市長が交代した途端に名称が変わったり、統合されたりといったダイナミックな変化がしばしば起きます。自治体から交付されている補助金などの支援、教育研究上の連携、自治体から異動してくる職員の比率など、首長の考え方一つで状況が一変するような要素が少なくありません。大学受験の仕組みでは括られることも多い「国公立」ですが、組織を動かすガバナンスは、両者でかなり違います。

このように職員として働くことを考えた場合、大学はいろいろとややこしい職場です。「とりあえず売上さえガンガン上げていれば誰も文句は言えまい」といった単純明快な組織でないことは確かですね。ただ、このややこしさにもそれぞれ理由があります。法人部門と教学部門が分かれていることも、教員と職員が異なる論理で動いていることも、文科省や地方自治体から影響を常に受けていることも、それぞれ意味があるからこそ現在のような姿になっているわけです。それぞれの意見や要望を尊重しつつ、現場の事情に合わせて最適な納得解や解決策を練り上げていく姿勢やスキルは、職員に求められる資質の一つでしょう。

なおサテライトキャンパスよりも本部キャンパス、個々の大学よりも文科省など、ガバナンス的にはより「上位」とされる組織が仮にあったとして、実際に起きている問題に気づくのは往々にして現場の方々です。学生の変化に最初に気づくのが、新入生に入学ガイダンスをしている若手職員なんてのもよくあること。学内規定が制度疲労を起こしていることを知っているのも、実際に細かな手続きをしている各部署の課員たちだったりします。上から下に指示を下ろすだけではなく、下から上に気づきや提案を上げられる組織は強い。ここもまた、職員に期待されるところです。

原理原則としては個別対応を避け、正式な議論や手続きを経て物事を動かすことが大切と申しましたが、とはいえその「正式なプロセス」にもやはりキーパーソンはいるものです。そうした際、「誰の意見を尊重することが、取り組みをつつがなく進める上で重要なのか？」という判断が必要になることも。学科間で教員の意見が対立しているが、これについてはA先生に間に入ってもらえばうまく収まるはず。この取り組みに関しては理事会でOKをもらうためにB理事に話を通しておこう。C学科の模擬授業は学科に正式に依頼を行う前に、話のうまいD先生に直接、依頼をしに行ったほうが良い結果が出る……等々。そうした先回りが成果に関わる場面も実態としてはあります。その意味では、問題解決という目的のためにガバナンスの仕組みを活用できるしたたかさも、ときに必要なのかもしれません。

キャリアセンターや学生募集部門のように就職実績や志願者数などの明確な成果が数字で評価される部門と、学務や総務のようなバックオフィス部門とでも、働く上で気にする相手は違ってくるでしょう。「この部署、この業務においては、文科省の書類を読み込むことが何よりもまず大切」なんて場面も山ほどあります。面倒くさいと感じる瞬間も多いと思いますが、そうしたことを一つひとつ解きほぐしながら、一歩一歩前進し続けられるような方は職員に向いているかもしれません。

「このままで良いのだろうか?」——キャリアへの尽きない悩み

将来のキャリアに悩む職員は少なくありません。特に若手職員や、他業種からの転職者にその傾向が強いように感じます。職員になって1~5年目頃の方を対象にした合同研修などに参加してみるとわかります。こうした研修ではテーマ別の分科会が設けられることが多いのですが、大抵、最も多くの参加希望者を集めるのは「大学職員のキャリアを考える」といった分科会です。他のテーマの参加者が5人程度なのに、ここだけ25人なんてことも。

無事に採用試験をパスしたものの、今後ずっと職場の人事異動命令にただ従い続けるだけで大丈夫なのか。キャリアアップのためにできること、すべきことはないのか。自分の勤務先は果たして今後も安泰なのか……等々。いますぐに職を失う可能性は低いとしても、長期的な視点で考えると漠然とした不安を感じてしまうという声をよく聞きます。

多くの現役職員にインタビューをしたところ、キャリアについて感じる不安は次の三種類に大別できるように思いました。

一つめは、職場や業界についての不安です。既に述べたとおり18歳人口の減少など、日本の大学業界の今後の見通しは必ずしも明るいものではありません。仮に所属先が経営破綻せずに済むとしても、現時点で50代の先輩職員が得られる生涯賃金を、今の20代が同じように得られるとは限りません。同じ待遇が保証されると考えている方がいるなら、それは少々楽観的に過ぎるでしょう。

（1）大学の経営が破綻しない
（2）あなたの雇用が維持される

（3）生涯にわたってキャリア相応の待遇やポストが現行の水準と同じように用意される
（4）あなたに実践可能な業務が退職まで組織から用意され続ける

この4点はイコールではありません。「大学の経営を将来にわたって維持するために職員の給与水準を下げつつ、一人あたりの業務量は増やす」という展開も、そこかしこの大学で既に見られています。後述しますが職員の業務状況や待遇を取り巻く環境は年々、変化しています。業界事情をきちんと調べれば調べるほど、自らのキャリアについて危機感を覚えるのは当然のことでしょう。

不安を覚えるのは私立の職員だけではありません。昨今では国立の統合や再編も進められています。統合にもさまざまな形がありますが、たとえば複数の国立大学法人を統合し、一法人のもとで複数の国立大が運営される「アンブレラ方式」を例にすると、次のような事例が既に誕生しています。

- 2020年　東海国立大学機構（名古屋大学、岐阜大学）
- 2022年　北海道国立大学機構（小樽商科大学、帯広畜産大学、北見工業大学）

●2022年 奈良国立大学機構（奈良教育大学、奈良女子大学）

こうした統合・再編のメリットの一つとして挙げられているのが「業務の効率化」です。企画・評価、財務、人事、総務といった経営管理部門を共通化・合理化することで、経営コストの削減を目指すとされています。職員の総数は少しずつ削減されていくことになるでしょう。そうでなければ統合の意味がありません。

大阪市立大学と大阪府立大学も2022年に統合され、大阪公立大学となりましたが、きっかけは首長の方針によるものでした。こうした国公立大学の統合や再編について、個々の是非を論じるつもりはありません。個人的には、日本の今後を考えればこうした統合が進むことは避けて通れないと思いますし、大学が得るメリットは多いと思います。ここで私が伝えたいのは、「大学職員が置かれている職場環境は永遠不変のものではなく、我々の都合や思惑を超えたところで急に状況が一変してしまうこともあり得る」という一点です。外から見れば、現時点での職員の労働環境は悪くないように見えます。しかし実際に業界に来てみれば、このように実は不安定な一面や、長期的に抱えているリスクも見えてきます。他大学と比べた自学の問題に気づくこともあります。

キャリアについて悩む理由の二つめは、人事システムへの不安や不満です。大学組織を特徴づける3つの要素と職員の「やりづらさ」については既に述べました。非営利組織であること、規定主義であること、そしてガバナンスが複雑であること。こうした要因が絡み合う中、「結局、何をすれば私は高く評価されるのだろう?」「私はどこを目指してキャリアを築いていけば良いのだろう?」と思い悩んでしまう方が少なくないようです。

とりわけ多く耳にするのが、ゼネラリスト型キャリアモデルに対する不安です。職員の大多数はおそらく、さまざまな部署に数年おきに異動しながら多様な業務を経験していく総合職としてキャリアを積み上げていくことになります。組織がさまざまな経験をさせてくれるという点は大きなメリットですが、基本的には異動先を自分で選べず、人事の方針に従うしかありません。自分の強みを活かしたキャリアを主体的に設計していきたいという方にとっては不安を覚えやすい仕組みかもしれません。それまで積み上げてきた専門性や人的ネットワークなどに手応えを感じている方が突然、まったく異なる分野の部署への異動を命じられ、「なぜ私がこの部署に?」と不満を抱いて、将来の先行きに不安を感じ始める……といった例も珍しくないようです。仮に「この業務に就きたい」と希望を出せる仕組みがあったとしても、当然ながら組織全体の都合がありますので、そう思い通りに希望が通るとは限りません。将来のため、あるいは現在の業務のために自主的に学んで資格を取ったり、外部の勉強会に参加したりといった自己研鑽《けんさん》を行っても、それが職場で評価される保証はない。苦労して積み上げた専門スキルも、業務の分野が変われば評価は変わってしまいます。

そして正規雇用の職員の場合、ほとんどの方は年功序列、終身雇用などを前提とするメンバーシップ型雇用のもとで働いているはずです。周囲より高い成果を上げたところで、先輩より早く昇進できるというものでもありません。そもそも非営利組織における「高い成果」は、組織のトップや中間管理職が自ら設定し、追求せねばならないものであることは既に述べました。もしあなたの上司たちがそのようなリーダーではなく、規定に従って必要な定型業務だけを遂行していれば良いと考えるタイプであったなら、成果によって評価されることも難しくなってきます。

残念なことですが、組織を良くしようという意欲のもと、問題意識を持ってさまざまな改善案を提案した結果、上司から「それはあなたのすべき業務ではない。10年後にあなたがしかるべき立場に就いたら、そのときにまた提案しなさい」といったことを言われたという方に、取材の中で多く出会いました。成果を上げ、早く昇進して責任ある仕事をしたいのに、成果を上げるためにはまず年齢を重ねて昇進を待たねばならないというジレンマ。「ここでずっと働いていて大丈夫なのだろうか」と不安になる職員が増えるのも当然でしょう。

こうした人事システムへの不満は、伝統的な日本企業や公務員などの組織でもしばしば聞かれますので、別に大学に限ったものではないでしょう。ただ、産業界は本人の希望を聞きながら入社前に配属先を知らせたり、優秀な方には最初から高給を払う特別ルートを提示したり、異動先のエリアを限定したキャリアモデルを用意したりと、危機感を持って少しずつ変わろうとしています。そうでなければ優秀な社員を獲得できませんし、すぐに他社へ出て行かれてしまうからです。その点で大学は、職員が人気職種であるという現状にあぐらをかいてしまっているかもしれません。

理由の三つめは、周囲の人々への不満です。あまりおおっぴらに論じられることではありませんが、経営陣や上司、同僚などに対する不満は、長時間にわたってインタビューをしていると頻繁に出てきます。そのこと自体は、どんな組織の社員でも似たようなものだろうと思うのですが、中には「大学職員ならでは」と思われる意見も散見されます。

・業界の先行きが不透明なのに、同僚たちの危機感がゼロであることに不安を覚える。問題解決しようという姿勢を持つ職員が極めて少なく、事なかれ主義、減点主義の組織風土。

何かを提案すると浮き上がってしまうような空気の中で優秀な新入職員たちの意欲も失われていくことに、組織の将来を案じてしまう。

（地方国立大／30代女性）

・入職して数年、中堅と呼ばれる年代にさしかかってきたが、いまだに組織の中で、ロールモデルに出会えていない。尊敬できる職員の方は外部の勉強会や、他大学のほうにいる。
（首都圏私大／30代男性）

・大学行政管理学会など、外部の勉強会に出席している職員は所属先に自分しかいない。業務の一環として参加したいと希望を出すが「いつも特定の人だけが参加しているのは公平ではない」という理由で出張費が出ないため、毎回、有休を取って自腹で参加している。結局、自分以外に参加希望者は出ない。
（地方私大／50代男性）

・入職してから主体的に動く経験をほとんどしてこなかった方々が、年齢を理由に管理職になっていく。課題解決という発想がないため部下にもいま必要な指示が出せず、部下たちは前任者から引き継いだルーティンワークを仕事だと認識してしまっている。それはただの「作業」であって「仕事」ではないのに。これでは組織全体の課題解決力が一向に上がらない。
（地方公立大／40代男性）

・高い年収を得ている中間管理職が、教員の会議の議事録作成ばかり行っている一方、優秀

な若手は「若い」という理由で提案や発言の機会すら与えられない。組織と自分の将来が心配になる。（首都圏私大／30代男性）

・トップに危機感がない。マネジメント能力に長けた方ではなく、研究者として実績を上げた方が学長から理事長になることが慣例となっている。学術機関の責任者である学長はそれで良いと思うが、経営責任者である理事長としては適任だろうか。思いつきのような案が実行されたり、理事長の知り合いが外部から招聘《しょうへい》されて好待遇のポストに就いたりということもしばしばだ。（地方私大／50代男性）

・一族経営の学校法人で、トップのワンマン経営体制。しばしば世間の常識ではあり得ないような指示が下りてくる。理事長の個人的な意向により、学園を挙げて特定の運動部の指導環境整備に多くの投資をしている。トップにゴマをする人が重用される組織風土もどうかと思う。（首都圏私大／20代女性）

・民間企業の経営者を理事長として招聘した。当初は経営改革に期待する教職員も多く、実際に良くなってきた部分もあるが、「私の方針に従えないなら辞めろ」という姿勢や、従来とはまるで方向性の異なる業務内容に適応できず、心身の健康を損ねてうつ状態になり、休職、退職する職員も急増している。（近畿圏私大／50代男性）

ここに挙げたのはインタビューで得られたコメントのごく一部に過ぎませんが、先述した非営利組織、規定主義、特殊なガバナンスといった大学組織の特徴と結びついている不満もあるのではないでしょうか。ここで不満を向けられている同僚や上司、トップの方にももちろん言い分があるでしょうし、これらのコメントがすべて正しいとも思いません。ただ、やはり「組織は人」であり、どんなに立派とされる大学でも、一緒に働く仲間たちを素晴らしいと思えるかどうかは、働く上で非常に大切なのだと再認識させられます。

高度専門化に対応できるか？

将来を考える上で一部の職員が関心を寄せているのが高度専門職、特定分野のスペシャリストとしてキャリアを積み上げる道です。前章でも、IRerやURAなどの高度専門職についてご紹介しました。ゼネラリストである職員は異動する度に新しい仕事を覚え、その部署で必要となる知識やスキルを習得せねばなりません。ただ、そのように数年単位で業務が変わるのでは到達できないプロフェッショナルとしてのスキルやキャリアもあります。そうした高度専門的な業務で力を発揮したい、成長したいと希望する職員はどの大学にもいます。特定分野での高い専門性を身につけていれば、それを武器にして他大学へ転職する可能性も出てくるのでは……と期待する声も耳にします。しかし現実として、そうした高度専門職のポストを設ける日本の大学はまだ多くありません。ゼネラリストとしてキャリアをスタートさせた後、本人の希望に応じてスペシャリストのキャリアモデルに変更できる……といった仕組みがあれば理想的かもしれませんが、そうした事例はまだまだ珍しいのが現状です。

たとえば図書館司書としての業務は、職員が行う仕事の中でも伝統的に専門性が求められる領域の一つです。司書資格を持つ、あるいは図書館情報学などを修めた方が、その知識やスキルを活かして学生や教員の支援にあたってきた部署です。しかし現在は公立図書館と同様、大学でもアウトソーシング化が進んでいます。契約職員や派遣職員などが司書として業務を担い、現場には専任職員が一人もいないというケースも珍しくありません。配属の仕組み上、大学全体で採用している職員のキャリアモデルに例外を認めにくいという理由もあれば、コストカットが理由というケースもあるでしょう。

こうした人事制度の中で専門家を雇用・育成するための工夫として、アドミッションや教学IR、URAなどの領域では「アドミッションセンター特任准教授」のように、教員寄りの肩書きでポストを用意するケースがしばしば見られます。業務内容は研究者というより大学運営の実務家に近いケースも多いのですが、高度専門職として必要な調査や分析、発表なども日常的に行うという点において一般的な職員とも違う……という特殊な位置づけです。実際、職員や民間企業からそうしたポストへ応募し、採用される方もいます。大学ならではの領域でスペシャリストを目指すのであれば、こうしたポストに挑戦するのが現時点では最も現実的かもしれません。

なお広告代理店からの転職者が広報課長として配属されたり、就職情報を扱う企業の出身者がキャリアセンターの課長として採用されたりと、他業種から中途採用された方が結果的に専門的な領域で活躍している例はあります。ただしこちらは、職員としてキャリアをスタートさせた方にとっては少々遠回りなキャリアパスになるかもしれません。

目覚ましい成果を上げていたり、斬新な施策で注目を集めたりと、さまざまな領域で高度専門職として活躍し、業界で広く名を知られる職員は年々増えています。「このテーマならこの人を呼ぼう」と、教職員研修の講師としてよく名が挙がる方もいますね。メディアで度々紹介されるような方もいます。ただ、そこまでの道のりは楽ではありません。

横浜市立大学でアドミッションの専門業務に就いている出光《いでみつ》直樹氏は、「たまたま人事異動の都合でその業務に配属されて長く担当しているというだけで、専門職を名乗るのは難しいのでは」と言います。

出光氏の肩書きは「アドミッションズセンター専門職・学務准教授」。事務局組織における専門職として、各種のデータ分析や新しい入試方法のデザインや実施を担っています。桜美林大学大学院・大学アドミニストレーション研究科で授業科目「大学アドミッション」を担当する講師として教壇に立っていたこともある、自他共に認めるアドミッション専門職です。桜美林大学の大学院で学んだ後、同大の職員としてアドミッション業務に従事。その後、現職に就きました。大学教育学会、高等教育学会、大学行政管理学会、関東地区大学教育研究会、大学アドミッション専門職協会などの会員でもあり、そのうちいくつかの団体では役員の地位も担っています。

このユニークな肩書きはもともと、専門職として特定の業務に従事するために設けられたもの。横浜市立大学の人事制度では、一般の事務職員が専門性の高い業務に限定された形で働くことは想定されていないからです。ただ、専門の学会で精力的に活動し、実名でSNSにて情報発信もする出光氏の働き方は実際、研究者としての教員とほとんど変わりません。「学外のさまざまな機会も使って学び、知識やスキルを常に更新し続けることが専門職としての条件。それらをせず、職場のローカルな環境の中で業務をまわしているだけでは情報も限られるし、専門職たり得ないのでは」と、出光氏は指摘します。

さらに「『あなたの仕事を私に引き継いで』が可能かどうかも、専門職かどうかを分ける要素の一つ」とのこと。同じアドミッションという業務を担うとしても、出光氏が出す成果は自身が長くこの領域で学び続け、実践してきたものの上に成立しています。同じ肩書きを他の誰かに与えたところで、同じ成果を簡単にコピーはできません。形式的に同じ体裁のことを模倣して繰り返すことはできるかもしれませんが、出光氏のように状況に合わせて目的や手法を再設定し、より高い水準のアウトプットを出すのは難しいでしょう。マニュアルなどで簡単に引き継げるような業務であるなら専門職とは言えない、ということです。

一般的に職員の世界では、チームで安定した成果を上げることが重視されます。特定個人の能力に依存するような業務はどちらかと言えば忌避され、誰が行っても同じように業務が滞りなく遂行されるような体制や仕組みであることが好まれます。仮に誰かが他部署へ異動したり、体調不良などで抜けたりしても大学は問題なく運営される。これはこれで非常に大切なことでしょう。その点で出光氏が挙げる専門職のあり方には、従来の職員に求められていたものとは相反する部分もあります。

所属組織を出ても評価されるプロ、というのは言い換えれば、組織に依存せず自立して働く覚悟があるプロでもあるのでしょう。普段から自主的に外部の勉強会に参加したり、働きながら大学院で学んだりといった自己研鑽は最低限でも必要になりますし、こうした主体的な努力がないままスペシャリストを目指すことは不可能でしょう。

「転職したとして活躍できるか」という不安

今回のインタビューでは他大学への転職経験者からもお話を伺いました。本書を読んでくださっている職員の皆様にも、身近にそうした例があるという方はいることでしょう。出光氏と同様、職員から特定分野の専門職ポストにキャリアチェンジした事例は、私が知るだけでも複数あります。専門職ではない事務職員（総合職）として大学間での転職を経験した方もいます。求人情報サイトなどで検索をすれば、中途採用情報は少なからず見つかりますし、そこに「経験者歓迎」という文字があることも少なくありません。20年ほど前と比べて、大学業界でも職員の人材流動性は高まってきたと言えるでしょう。本人がその気になりさえすればそれなりにチャンスはある、という程度には転職市場が拡大してきたのだと思います。

ただ、特に新卒採用時から一つの大学で長くキャリアを積んできた方などから、「そうは言っても、自分が他の組織で評価されるか不安だ」という声をよく聞きます。筆者から見て「あなたなら大丈夫では」と思われる優秀な方であっても、ご本人は自信が持てないと言うのです。

ナレッジマネジメントという言葉をご存じでしょうか。ここで言うナレッジ（Knowledge）とは、組織にとって有益な知識や情報のことを指します。組織の各メンバーが持っている知識をうまく共有し、活用するための手法・方法論がナレッジマネジメントです。この考え方では、知識を「形式知」と「暗黙知」の2種類に分けて扱います。

形式知とは客観的で、言語化できる知識のこと。文章や図表、数字、数式などによって理解しやすく表現されており、マニュアル化し、他者に伝えることが容易な知識です。一方、暗黙知とは個人の経験によって成り立つ主観的な知識や勘など、感覚的で、他者に説明したり伝えたりするのが難しい知識のことを指します。

どのような職業の方でも程度の差はあれ、形式知と暗黙知の両方を使って仕事をしているはずです。大学職員の場合、文書作成スキルや経理の知識、統計データを扱うためのスキル、語学力といった汎用的な基礎スキルは形式知として学んだものでしょう。そのほか、業務に関わる法令の知識や学術研究のプロセスに関する理解、学生支援のために必要となる発達障害などについての知識、学生募集を行う上で必要なマーケティングスキル、歴史的変遷や現在の政策といった高等教育に関する理解など、大学に関するさまざまな形式知を必要に応じて学び、それぞれの業務のために活用していることでしょう。

一方、

「この取り組み内容なら、あの補助金が使えるはず。他大学にも事例があったのでは」

「この時期は毎年〇〇学科が特別授業をするから、ホールの利用希望を先に聞いておこう」

「競合校が入試を変更するから本学の入学手続き率に影響が出るかも。状況を注視せねば」

「〇〇社は本学の学生をいつも多く採用してくれる。人事部長はウチの〇〇研究室の出身だから、先生とも状況を共有しておこう」

……など、職員の仕事ではさまざまな暗黙知も活用されています。ベテランとされる職員ほど、さまざまな部署への異動を繰り返しながら業務への対処法を学び、かつ学内での人的ネットワークを広げていく。結果的に暗黙知は、本人の自助努力による差も大きいですが、キャリアの長さに応じてそれぞれの中に少しずつ蓄積されていきます。実際、「職員として円滑に仕事をこなすためには学内の誰が何をしているかを理解することが大切だ」「多くの方とのつながりが結果的にあなたの助けになる」……といった言説は、職員の仕事のあり方が語られる際にしばしば登場します。

私は職員向けの研修で講師を務める機会に、何度か「あなたの職場でより重視されている知識は、形式知と暗黙知のどちらですか」と問うたことがあります。所属部署による違いもありますが、「本学では暗黙知を武器にする人のほうが高く評価されている」「考えたことがなかったけれど、言われてみれば自分の業務は暗黙知に支えられている部分が大きい」との回答が過半数です。

２０２０年度は感染症対策として、多くの大学が授業をオンラインに切り替えました。その後、多くの大学が対面授業を再開させましたが、態度や振る舞いが幼い、表情に明るさがない、言葉の表現力が乏しく窓口でのコミュニケーションが難しい……など、学生の変化をキャンパスで感じ取ったという職員の声をあちこちで耳にしました。何年も学生たちを観察している職員だからこその気づきです。

「学生の様子を日常的にさまざまな場面で観察し、変化を感じ取り、学生サポートにつなげる」というのは職員が強みとする暗黙知の一つ。コロナ禍でそれが発揮できない状況になったことで、皆がその重要さに気づいたのですね。職員の暗黙知が大学運営において、日常的に大切な役割を果たしていることがわかります。

ただこうした暗黙知には、所属する組織の中でしか通用しない性質のものが少なくありません。学生の細かな変化に気づけるのは、長年にわたって見続けているからです。同様に、学内手続きをスムーズに進めるノウハウがあったとしても、それが他の法人で同じように通用するとは限りません。学生を送り出してくれる高校教員や、学生を採用してくれる企業の人事部といった外部ステークホルダーとの関係性も、あなたが別の大学に転職した途端、まるで違うあり方になってしまうかもしれません。

暗黙知の多くが現場での実践を経て徐々に習得されるのに対し、形式知には能動的に学習をしなければ得られないものが少なくありません。前に挙げた例のうち「学生支援のために必要となる発達障害などについての知識」「学生募集を行う上で必要なマーケティングスキル」「歴史的変遷や現在の政策といった高等教育に関する理解」を身につけた職員であれば、同じ業務でもより俯瞰的な視点で課題の原因を調べたり、状況に応じて適切な手立てを講じたり、より専門的で学生の力になれる施策を打ったり、課題の本質に迫る解決法を検討したりできるはず。でもそうしたアウトプットを上司や組織からあまり期待されておらず、むしろ前年度までの業務を漏れなく完全に継承することを求められているのであれば、積極的にこれらを学ぼうという動機は薄れてしまうでしょう。

向学心があり、組織の課題解決に対する積極的な姿勢を持つ職員は、自主的に形式知の習得を続けます。一方、そうでない職員は業務を通じてたまたま得られた暗黙知ばかりに頼ることとなります。結果として同じ勤続年数であっても、暗黙知と形式知の両方を積み上げてきた職員と、形式知がそれほど増えていない職員との両方が生まれることになります。

豊富に暗黙知を蓄えている職員は、「あの人に相談しておけば何とかなる」と、他の教職員から頼りにされます。職員組織で早くに昇進している方や、いつも多くの職員の中心にいる方も珍しくありません。ですが、そうした方が他の大学や企業に転職しても同じように評価されるとは限らない。それを感じているからこそ、「いろいろと不満もあるけれど、やっぱりこの大学で働き続けるほうが自分にとってはメリットが多い」と考え、転職に対して消極的になってしまうのかもしれません。

「機会があれば他大学や企業への転職も検討したい」という意欲を持つ職員には、形式知として習得し、他組織でも通用しそうな汎用的な知識やスキルに自信を持っている方が多いように感じます。普段から大学関係者の勉強会のような場に積極的に参加して学びを続けていたり、他大学の意欲的な職員と交流していたり、大学院などで学んでいたり、キャリアコンサルタントのような資格の取得を目指していたり。そうした行動を通じて「いろいろと業界に関する書籍を読んでいたおかげで、自分は議論に十分、ついていけるな」「まだまだ勉強が必要だな」などと自分を客観視することもできます。

大学を取り巻く社会状況が安定していた時代は、暗黙知を駆使できるベテラン職員こそが理想的なキャリアモデルであったのかもしれません。ただ、生涯にわたって所属先の経営状況や自分の待遇が保証されているとは限らない今後にあっては、職場の外で、自主的に形式知を習得し続ける努力が大きな意味を持つことになりそうです。

「大学アドミニストレーター」とは？

職員として何年か勤務されている方なら、「大学アドミニストレーター」という言葉を聞いたことがあるかもしれません。定義は人によってまちまちですが、「大学経営に関わるプロフェッショナルとしての職員」といった意味合いで使用されることが多いでしょうか。オペレーターとして決まった事務処理だけに従事する従来型の職員ではなく、より広い視野と高度な知識・スキルを持ち、マネジメントに関わっていける人材がこれからの大学には必要だ……という課題意識が背景にあります。

大学職員による学会「大学行政管理学会」は、1997年に設立されています（後述のコラム参照）。その前年に作成された設立趣旨書には既に、「アドミニストレータ」という言葉が盛り込まれています。

……今日の大学という組織の運営を司る「行政・管理」の領域にあっては、「教授会自治」さらにいえば「教員自治」の伝統的大学運営をいかに「近代化」できるかが問われており、それは煎じ詰めれば、「行政・管理機能」のプロフェッショナル化の要請ということができましょう。

この面での先進事例を見てみると、アメリカでは、大学の行政管理職員（アドミニストレータ）が教員の兼務職ではなく自律的かつ高度な専門職業として機能し、世界で最良の大学群を生み出したアメリカの大学システムの発展に大きく貢献してきたことは衆知の事実です。（「『大学行政管理学会』開設趣旨の説明と参加の呼びかけ」1996年11月）

大学をめぐる社会状況の変化を受け、運営組織の近代化、高度専門化が必要という議論はこれ以前から一部で盛んに行われていました。この設立趣旨書からも読み取れるように、そこでは特にアメリカの大学の運営体制と、そこで高度な業務を担う専門スタッフの存在が強く意識されていたように思います。２０００年代中頃からは中央教育審議会の議論などでも、大学アドミニストレーターという言葉が幾度となく登場しています。

狭い業務領域でスペシャリストとして活躍する専門職というよりは、より広い組織経営・マネジメントの領域でプロフェッショナルとして活躍する存在というのが、多くの方のイメージかと思います。

実際、それに相応しい見識を持ち、判断力に優れ、組織のために目覚ましい成果を上げてきた職員の方は、業界全体に少なからずおられます。入職したときにはアドミニストレーターなんて言葉はなかったけれど、組織のために精力的に挑戦をし続けていたら、結果的に高度経営人材と呼ばれるような足跡を残した……なんてベテランの方もいますね。事務職員としてキャリアを積み上げていたら、最終的には副学長や理事長など、従来は教員が就くことが慣例とされていたポストにたどり着いたという事例もあります。これらはまさに教員、職員という垣根を越えてマネジメント領域での活躍が評価された結果でしょう。

このようにアドミニストレーターという存在を業界の中で確立させ、大学組織の近代化を進めていこうという声は、30年ほど前から上がっていました。事務職員から経営のプロへと、職員の地位を向上させようという関係者の想いも少なからずあったのでしょう。

ただ、現時点でアドミニストレーターという職種が確立されたかというと、まだまだ過渡期であると言わざるを得ません。「○○大学 アドミニストレーター」と記された名刺にはまだお目にかかれていませんし、事務職員として採用された後のキャリアパスとして高度マネジメント職と呼べるモデルが用意されている、といった例もまだ聞いたことがありません。採用時からそうしたキャリアパスを想定して一部の職員を採用しているという例も存じ上げません（民間企業や国家公務員等ではそうした例もありますね）。

事務局長に昇進されたり、特定の部署で成果を上げたりと、アドミニストレーターと言えそうな活躍をされている方はいますが、高度経営人材として学内で認知されているかと言えば、（ご本人たちいわく）そうでもなかったりします。ゼネラリスト型の人事モデルの範囲内で異動を繰り返し、たまたまその特定の個人がそうなっただけ。組織の人材戦略として、そうしたリーダー職員の後継者を育成している例があるかと言えば、それも寡聞にして存じ上げません。高度経営人材を目指す職員のための特別研修があったり、後述するような大学院に派遣して学ばせた後に幹部にしたり、といった取り組みもほとんど耳にしません。

大学の業務が高度化するにつれ、それに対応できる高度専門人材が必要になってきたと先に述べましたが、ほとんどの大学ではスペシャリストとしてのキャリアパスがまだまだ整備されていません。アドミニストレーターも状況は同じです。

「大学アドミニストレーターとは、どのような職種だと思いますか?」とSD(Staff Development)研修等で現役職員の皆様に問うと、「その言葉をそもそも知らない」「聞いたことはあるが、わからない」という回答が多く、残りは回答者によって挙げる内容が違うという結果になります。

どのような条件を満たしたものを専門職と呼ぶか、という議論は社会学の分野で長く行われています。研究者により意見は分かれますが、以下のようなものが専門職の条件としてよく挙げられるようです。

- それなりに長い訓練を経て習得する専門知識を有していること
- 身につけた専門性を保証する資格が存在すること

- 活動に関する規制やルールが存在すること
- 共通の価値観があること
- その職種による団体が存在すること

専門的な知識やスキルを大学の学士課程や大学院で体系的に学修しなければなれなかったり、就職や待遇の面で厚遇されたりするならば、確かにそれは専門職と言えそうですね。大学アドミニストレーターによる専門職能団体があることや、「アドミニストレーターは皆、大学の発展を通じて〇〇のような社会実現のために奉仕すべき」といった価値観が提示されていることなども、専門職として広く社会に認知されるためには重要でしょう。

こうした定義と照らし合わせたとき、我が国における大学アドミニストレーターとは、概念として掲げられてはいるものの、確固たる専門職の条件を満たしているとはまだ言えないように思います。「自分もアドミニストレーターを目指したい」と望みを持っている方がそれなりにいるにもかかわらず、30年経っても議論が具体化していないことに、諦めの気持ちを抱いているという声も現職の職員たちからは聞こえてきます。

アドミニストレーターを目指す現役職員のため、桜美林大学は2001年、大学院に大学アドミニストレーションの名を冠する通学制のコースを新設しました。通信制課程を新設したり、研究科として独立したりとさまざまな変遷を経て、現在は〈国際学術研究科・国際学術専攻・大学アドミニストレーション実践研究学位プログラム（通信教育課程）〉として運営されています（先に出光直樹氏の事例を紹介したときに言及しました）。開設から2023年2月現在に至るまで、計500名を超える修了生を輩出していると公式サイトに謳われています。

高等教育の領域に関わるスター研究者や大学教職員などが集まっていることや、職員のための修士課程という打ち出しもあって開設時に話題を呼び、意欲的な学生を集めました。私、倉部も現役の職員であった頃、こちらの通学制コースで科目等履修生として4科目8単位を修得したのですが、高等教育そのものに関する知識を体系的に学べる授業は興味深く、教員や他の学生たちとの議論も有意義に感じました。

その後、桜美林に続けと複数の大学で同様の趣旨を掲げる大学院のコースが作られていきました。現在、修士課程で学生を募集している大学院としては以下のような例が挙げられます。

・東京大学 大学院 教育学研究科 大学経営・政策コース
・桜美林大学 大学院 国際学術研究科 国際学術専攻 大学アドミニストレーション実践研究学位プログラム（通信教育課程）
・名古屋大学 大学院 教育発達科学研究科 高度専門職業人養成コース
・関西学院大学 大学院 経営戦略研究科 企業経営戦略コース（自治体・医療・大学経営プログラム）
・広島大学 大学院 教育学研究科 高等教育学専攻

「修士（大学アドミニストレーション）」と記載された名刺をしばしば見かける度、「おおっ」と思います。こうした方々が率先して現場の課題を解決し、改革の推進者として行動されることで、結果的に大学アドミニストレーターというあり方が認知されていくのかもしれません。

大学という学術研究機関で教員と協働するにあたり、修士課程で研究した経験が役に立つ、あるいは修士号という学位がさまざまな面で自信を裏づけてくれるということもあるでしょう。学んだ内容はもちろんですが、こうした大学院で得た教員や同級生、卒業生たちとの人的ネットワークが将来にわたって財産になるという点も大きいと思います。もし他の法人に移ることがあっても通用する形式知をしっかり習得したい、キャリアアップに向けて高度な専門知識を学びたいと考える職員の方には、個人的にはお勧めしたいです。

私はこの業界に入る前に別の修士号を取得していたため、桜美林大学の学位は取得しなかったのですが、こうしたコースをしっかり修了された方々は、職員のキャリアパスの中で優遇されても良いのではと思います。本人の希望に応じて高度専門職や高度経営人材に向けたキャリアモデルを提示する、あるいは給与等の待遇面で応じるといった対応も大切でしょう。

日本ではしばしば、博士号取得者を企業が十分に評価していないこと、博士が産業界で活躍できていないことが問題にされます。多くの日本企業では現在も、博士号取得者だからといって給与・待遇面では特に優遇しておらず、特別なキャリアパスを用意することもないと。大学業界の有識者たちはそのような、世界標準からかけ離れた社会のあり方を声高に批判しています。ならば、他ならぬ大学自身が職員の博士号や修士号の取得者に対し、同じスタンスを取っているのはいかがなものでしょうか。教員・研究者として働くわけではないのだから学位はキャリアに関係ない、という考えがもし大学側にあるのなら、その言葉は財界からそのまま自分たちへ返ってくるはずです。

「隗《かい》より始めよ」と申します。まずは博士号取得者や大学アドミニストレーションに関する修士号取得者あたりから、これぞ学位取得者の活かし方だというモデルを示してみてはいかがでしょう。組織が然るべき環境を用意すれば、こうした方々はマネジメント領域や高度専門職業務で高いパフォーマンスを発揮するのだ……と示せれば、財界も大学院教育の価値を見直すでしょう。自分たちの組織なのですから、実践を通じて検証すれば良い。職員組織は素晴らしい人材開発のフィールドになります。専門職としての大学アドミニストレーターの確立も、そうした実践によってこそ進展するのではないでしょうか。

中高年と若手、正規と非正規——職員間のギャップ

本書では大学を取り巻く社会の変化に触れてきました。職員が働く環境も不変ではありません。大学に限らず、同じ社会人でも今の20代と40代、60代とでは生きてきた社会の姿がまるで違いますし、これから働く環境も異なります。大学業界も同様で、60代の職員にとっての「常識」は、20代職員にとって常識ではありません。20代が「当然」と職場に期待するものが、上の世代にとっては驚く内容だったりします。もちろん世代で一括りする過度な一般

化は危険ですが、ある程度の世代間ギャップはやはり存在するように思います。

社会情勢を鑑みれば、「本学の経営だって、いつまで現状を維持できるかわからない」という危機感を抱くのは、教職員なら自然なことです。ただ雇用・待遇や仕事内容において直接的に影響を受けるかどうかは、世代によってやはり違います。将来の自分のキャリアに対する不安は、当然ながら若手のほうが強いことでしょう。

労働に対する考え方も、世代によって差異はあります。ワークライフバランスを大事にしたい、男性でも育児や家事をしっかり担いたい、昇進よりも自分らしい働き方を優先したいといった考えを持つ方は、若手ほど多いように感じます。そうした希望に沿うと思えたからこそ大学職員という仕事を選択した、という方も少なくないのではないでしょうか。

繰り返しますが現在、大学職員は就職・転職市場で人気職種です。母校ではない大学にチャレンジする方も少なくありません。在学者数が多く志願者数も順調、総合的に見ても経営状況が安定しているという大学には、数多くの就職志願者が集まります。採用での競争倍率もかなりのもの。結果としていわゆる難関大学の出身者や修士号取得者、留学経験者など、就職市場で高く評価されるような方が新卒職員として採用される傾向も見られます。身につけているスペックが元々高い上に、就職活動を通じて大学業界の今後に対する問題意識などもしっかり持ち、キャリアに対する向上心も持ち合わせているという方々が厳しい採用プロセスを突破して入職してきます。

ただ大学職員が今のように就職市場で広く注目されるようになったのは、ここ10年くらいのこと。20年近く前、民間企業にいた私が大学の事務職員に転職すると言ったら、同僚や上司にも大学院時代の同級生たちにも「何で？」と真顔で尋ねられました。今回、私と同じ40代位の大学職員の方々からも、インタビューで似たような経験談を聞きました。

「自分はやりがいのある仕事として選んだが、かつての同級生たちからは『せっかく難関大学を卒業したのに、なぜそんなつまらない仕事を？』と言われて腹が立った」

「自分が新卒で入職した当時は、本学のベテラン職員たちには高卒の方も多かったので、かなり期待をかけてもらえた」

……等々。もちろん以前から社会的に意義のある仕事ですし、優秀で面白い職員の方はたくさんいたはずです。ただ、ゼミの教員に推薦されて母校へ就職するといったパターンも現在に比べて多く、単純に仕事自体が世間にあまり知られていなかったのだろうなと想像します。知る人ぞ知る面白い仕事というポジションでしょうか。ともあれ、このように入職の時点で、各世代がたどってきた道筋や思っていたイメージにはやはり違いがあります。

こうした差が、しばしば職場環境や仕事内容をめぐる不満や不安となって、それぞれの世代から噴出することもあります。上の世代には危機感がない、このままでは自分の将来が心配だと若手が悩めば、上は上で若い職員は協調性がない、若いうちは率先して苦労すべきなのに有休を躊躇なく使う、などとぼやく。お互い努力をしているのですが、「仕事の苦労」としてイメージするものが違うため、ときにすれ違いも起きる。こうしたズレを埋めるための工夫も必要なのだろうと思います。

正規、非正規の違いもあります。産業界と同様に、大学業界でも正規雇用の専任職員を非常勤の嘱託職員などに置き換える流れが、これまで各所で進んできました。

少し前の調査結果ですが、１９９６年から２００８年の間に、ある地域の私大13校で嘱託職員の人数や比率がどの程度増加したかを調べた研究結果があります(4)。正規雇用職員の人数が微減である一方、嘱託職員は13校あわせて2・5倍に増加。職員全体に占める嘱託職員の比率は19・4％から37・8％と、ほぼ倍増していたそうです。日本社会全体での雇用状況の変化と比較しても、これは大幅な上昇率であったとのこと。パートや派遣労働者はこの調査に含まれていないため、実態として非正規職員の割合はさらに高いであろうとこの研究では指摘されています。私大には国庫からさまざまな補助金が出ており、それは学校法人の経営に少なからぬ影響を与えます。その中には職員に対する補助金もあるのですが、有期契約の嘱託職員であろうと、条件を満たせば正規雇用の職員と同額の補助金（年間約70万円）が非課税で支給されるのです。「正規雇用職員であろうと嘱託職員であろうと、これほどの額の補助金が等しく支給されるとするならば、賃金の安価で雇用調整の比較的容易な嘱託職員の増加が促される一つの要因となるであろうことは想像に難くない」とも、この研究では指摘されています。

各大学のウェブサイトで最新の状況を調べてみたところ、嘱託職員の人数まで公開されている法人はそう多くありませんでしたが、私が現時点で確認できた数校では、嘱託職員の人数は事務職員全体の3～5割程度が多く、中には6割を超える事例もありました。

長期にわたって授業を担当してきた非常勤講師のいわゆる「雇い止め」はしばしば報じられます。非常勤講師の方が、初年次の共通科目や語学の授業のかなりの割合を担当されているという大学は少なくありません。職員の業務領域でも、非正規雇用の方なしには業務がまわらないという現場は珍しくないことでしょう。

各法人に経営上の考えや事情はおありでしょうし、雇用形態のあり方について私などが是非を論じても詮無きこと。どのような施策が効果的かはケースバイケースと思います。ただ今回のインタビューを通じて、しばしば聞かれた声を2種類、ご紹介します。

一つめは、雇用形態に差を付けられているが故に、現場での業務に「やりにくさ」を感じているという声です。単なる事務補助といったレベルを超え、企画力を求められるような業務に従事している嘱託職員、派遣職員の方もいます。かつ、明らかに正規雇用の職員より業務に精通し、高いパフォーマンスで成果を上げている方も。そうした場合でも職員に対して、待遇面では大きな差が付けられますし、「非正規のあなたには決める権限がない」なんて言葉をかけられることさえあるようです。別に大学業界に限った話ではありませんし、契約上、仕方がないといえば仕方がありません。ただ、そんな職場環境は専任職員にとっても居心地が良いものではなく、「やりづらい」と感じる瞬間もあることでしょう。これは日本社会全体が直面している課題でもあります。

二つめは、「実は非正規職員のほうが、学生に接している場面が多いことがある」という声です。前述のように、非正規職員に任せる業務は年々増えています。嘱託職員なしには仕事がまわらないという職場も少なくなさそうですが、「貴学では具体的にどのような業務を嘱託職員の方が担当されているのですか」と問うと、「学生への窓口業務」と回答される方が結構、多いのです。

たとえば教務課や学生支援課の職員は、さまざまな業務の一つとして学生対応を行っています。書類の受付や各種証明書の発行といった事務的な手続きもあれば、履修登録や休退学の相談、サークル活動に関する質問など、学業や学生生活により踏み込んだやり取りも。場合によっては、学生本人の今後を左右しかねない重要な案件に対処することもあります。こうした窓口業務の中の一部を嘱託職員が担っているケースが、少なからずあります。単純な手続きだけを嘱託職員に任せ、より重要な対応が求められる場合は専任職員が対応する……というパターンも多いと想像されますが、その線引きは大学によって、あるいはその部署の管理職の考え方によって千差万別でしょう。

学生からの質問や相談一つとっても、誰が対応するかによって、そこから生まれる気づきや学びには差が出ます。極端な例ですが、学生が教務課に退学届を提出してきたとして、「学則に従い、教員との面談が必要です。日程は追って連絡します。書類を早めに提出してください」と機械的に処理するだけでも業務としては成立します。でも、「来てくれてありがとう。ここで必要な手続きはできるよ。ところで、良かったら話を聞かせてくれない？」と話しかけたり、その場でその学生の単位取得状況などを出力して現状を一緒に確認したりなど、より教育的な対応を試みる職員もいます。最終的に退学という結果が同じであったとしても、学生本人に残るものは違うはず。そうしたやり取りを積み重ねていくことで学生たちの悩みを知り、成長を感じ、職員の側もレベルアップしていくのだと思います。

「大学職員になりたい」という就職希望者の声を見ていると、志望動機として、学生のサポートがしたいとコメントされる方は非常に多いのです。自分が学生として職員の方のお世話になったから、自分も同じようになりたいのだと。実際には窓口業務だけが職員の業務ではないので、こうした考えだけを就職時の志望動機にするのはお勧めしませんが、でも気持ちはわかります。直接的に学生たちとふれあい、彼らの成長を肌身に感じられるというのは職員のやりがいの一つでしょう。その点で、窓口業務を可能な限り嘱託職員に任せ、専任職員には専任にしかできない業務をさせようという風潮は、人によっては寂しく感じられるものかもしれません。

すべてを専任職員が担うことはおそらく不可能です。また少しでも業務の負担が減るように役割分担を進め、専任職員が問題発見のための調査や分析、問題解決のための企画業務などに時間を割けるようにするというのであれば、個人的にはその方針に賛成です。すべての業務領域において、そうした職員業務の高度専門化は避けて通れないと思うからです。ただ、それらは学生に直接触れているからこそ可能なのではないか、とも思います。

学生の就職サポートを行うキャリアアドバイザー職や、大学図書館の司書職など、「そこは専任として育成したほうが良いのでは？」と思われる、大学の中核的な職種まで嘱託の方に頼り切りという大学が増えている点も少々気がかりです。これらもまた、学生を直接サポートする業務の代表例ですね。こうした職種に求められる専門性がゼネラリスト型のキャリアモデルにうまく合致しないため、専門業務を非正規雇用で補完しようとするのでしょう。

こうしたスペシャリストに専任職員と同等、またはそれ以上の待遇を用意しているのならまだわかりますが、逆に嘱託なのだから安くて良いだろうと言わんばかりの実態なのも残念なところです。「司書やキャリアアドバイザーとして学生の成長に関わりたいが、専任職員ではそこを深めることが難しいので、待遇面の不利は知りつつも嘱託職員として働くことを選択した」という方も少なからずいるのではないでしょうか。研究者としてのキャリアを得るために、やむを得ず安い報酬で非常勤講師を引き受けてくださっている大勢の方がいるように。経営陣にとっては、この現状は都合が良いものかもしれません。でもこうした傾向は結果的にいつか、専任教職員のキャリアのあり方を貧しいものにするのではないでしょうか。

「民間からの転職」と「たたき上げのプロパー」

民間企業などからの転職者も増えています。かつて私自身もその一人でしたが、今から20年近く前の当時はまだまだ大学業界の中で圧倒的マイノリティだったように思います。しかし現在は各大学が中途採用の求人情報を公式サイトに掲載したり、ハローワークや転職情報サイト、転職エージェントなどを通じて広く募集を行ったりというケースが珍しくありません。と言うより、職場としての大学職員に強い関心を寄せている方は、新卒就職を狙う学生よりも、どちらかと言えば転職を考えている方に多いのではないでしょうか。

転職者がどの程度多いのか、どのように活躍しているのかは、大学により異なります。ほとんどがたたき上げのプロパー職員で、転職者は現在もほぼいないという大学もありますし、逆に中心的なポストの多くを中途採用者が占めているというケースもあります。どちらが良いという正解もないでしょうから、法人ごとの経営方針によるのだと思います。嘱託職員などとして他大学で働いていた方が専任職員の求人に応募し、転職してくるというケースも昨今では多いようです。

「さすが民間企業出身者だね」なんて言い回しを業界でしばしば耳にします。優秀だねという褒め言葉であることもあれば、「大学ではそのやり方は通用しないよ」という若干の皮肉がニュアンスに含まれていることもありそうです。ただ実際、企業からの転職者が業務改革のキーパーソンになっているようなケースはしばしば業界誌などでも紹介されます。

わかりやすい例として、たとえば予備校や進学情報メディアなどで働いていた方が学生募集の業務に従事すれば、それまで蓄積してきた知見やスキルなどの専門性は大いに活かせるでしょう。銀行に長く勤めていた方が財務部長になる、就職情報産業で働いていた方がキャリアセンター長になるなど、職歴と直結した形で特定のポストに就く事例は増えているように感じます。2021年にNHKで放送されたドラマ『今ここにある危機とぼくの好感度について』は、テレビ局のアナウンサーが大学職員に転職し、大学広報の業務に従事するという内容でした。

各領域でのHow toに詳しく、即戦力として活躍できる。ところどころで「時代遅れ」になっている業界のやり方を刷新し、目覚ましい成果を上げる。そんな民間企業出身者はしばしば組織の内外から注目されます。前例踏襲のルーティンワークなどしか経験してこなかった職員にはない武器を持っているからです。実現が難しい売上目標を課されていたり、毎日深夜まで残業したりといったハードな職場から移ってきたような方だと、前職と比較して職場環境が緩やかに感じられる、なんて事情もあるかもしれません。「変化を起こす人材はよそ者、若者、馬鹿者」という言い回しがありますが、「よそ者」だからこそ現状に違和感を覚えたり、問題点を遠慮なく指摘できたりということは確かにあるでしょう。

個人的には、こうして職員の人材流動性が高まっていくのは歓迎すべきことと思います。その上で2点ほど、さまざまな大学を見ていて思うところを述べます。

第一に、プロパー職員にとって、中途採用者の存在はキャリア構築上の脅威になり得ます。何も、いまあなたの目の前に座っている中途採用者に気をつけろと言っているわけではありません。「特定の部署の業務レベルを上げたかったら、関係する業界の中途採用者をリーダーとして採用すれば済む」という発想が、実際にまかり通ってしまう現在の傾向が脅威になり得るという点を指摘しておきたいのです。

広報の仕事に関心を持つ職員は少なくないようです。仮にあなたがそうした一人であったとしましょう。でも、これまで広報とはまるで関係ない業務しか経験してこなかったあなたと、マスメディアでキャリアを築いてきた中途採用者ではどちらが広報課長に適任でしょうか。「その課長のもとで広報担当者としてスキルを学べば良い」という発想はもちろん建設的でアリですが、その課長がいる限り、プロパー職員がリーダーになれるチャンスは来ないかもしれません。キャリアセンターで長く働き、人脈もスキルも身についたと思っていたら、ある日突然、中途採用で元リクルート社の社員がセンター長に着任なんてこともあります。大学にとっては良いことかもしれませんが、「いつか自分がキャリアセンターを牽引せねば」と秘かに胸に抱いていた職員の方にとっては、キャリアビジョンの前提を覆す一大事です。

学生と接する窓口業務を非正規職員に任せる大学が増えていると、先ほど述べました。一方で、管理職として企画力やプロジェクト遂行力が求められる重要なポジションは外部からの転職者が占めていくとしたら、プロパー職員のキャリアはどこへ向かうのでしょうか。かつては昇進先として用意されていた中間管理職のポストが、そうでなくなっている現場もあるのです。

第二に、実は中途採用者にとっても今後は楽観できないということです。大学職員が転職市場で大人気だというのは一見すると良いことですが、それはすなわち「自分より優秀な人材が、いつでも外からやってくる」可能性を意味します。

日本を代表する、ある難関ブランド私大の常務理事と以前、こんな会話をしました。

「貴学は職員の人材開発に注力されている大学の一つだと思うのですが、各部署のリーダー職員や、アドミニストレーターをどう育成しようとお考えなのでしょうか」

「いや、職員たちをそうした人材として育成するつもりはないですね。考えてみてください。本学の卒業生たちは、国内外のあらゆる業界、あらゆる組織でリーダーとして数多く活躍しています。本学のために力を尽くしてほしいと依頼をすれば、その優秀な人材が、母校のためならばと超一流の職場を辞めてウチへ来てくれるんです。わざわざ時間やお金をかけて一から職員をリーダーとして育成するよりも、そのほうが早いでしょう」

これにはショックを受けました。ここは業界で「職員が活躍している」とされる大学の一つだったからです。ですがブランド私大の、紛れもない真実でもあると感じました。大学転職希望者が集まるグループチャットなどでは、「MARCH以上の大学なら職員も将来安泰」といった言葉がしばしば躍っています。入学難易度が高い大学であれば労働環境や将来の待遇も安泰に違いないと考える方は少なくありません。確かにそうした面はあるかもしれませんが、そんな組織であれば、あなたの「替え」もすぐに用意できてしまうのです。ブランド大学の職員はある意味で、最もライバルが多い職場で働いていると言えます。

広報や就職、財務といった専門部署でポストを得た中途採用者も、この業界の慣習に数年ほど浸かり、昔取った杵柄の輝きを失ったら、評価が変わってしまうかもしれません。ゼネラリストが目指すキャリアのモデルである高度経営人材すら、超一流企業で活躍していた方に占められるかもしれません。将来にわたって安泰な人など誰もいないのです。

いま職員として働いている方は、どうすれば良いのでしょうか。外部からやってくる人材には「How to」でなかなか勝てない。であれば、「What」を磨き上げることを私はお勧めします。大学とは何か、必要な成果は何か、学生の学びのために何が必要かといった、大学を構成する本質の部分を徹底的に考え、さまざまな部署で形にしていくのです。自学が掲げた建学の精神や教育ミッション、目指す社会のビジョンなどを誰よりも深く理解し、配属された部署の業務に合う形で実践する。多くの学生を自分の目で見て、さまざまなデータに触れて、いま起きている課題は何かと考える。そうした実践の蓄積こそが、プロパー職員の武器になり得ると思います。

学生支援課でさまざまな学生の悩みに触れてきた方が施設課に異動すれば、学生の目線を理解したキャンパス計画に貢献できるかもしれません。教務課で中退データを目にしてきた職員がアドミッションセンターに行けば、高校生に対して進学後のことを語れるかもしれません。学部事務室にいた方が附属高校の事務室へ異動したら、高校の先生よりもその学問領域を詳しく説明できそうです。学術研究機関である大学は、教員だけではまわりません。主体的に業務に向き合っていれば、「本学が目指す学びって、何だろう」と考える機会はあるはずです。どのような部署にいようと、自校のミッション実現を考え続けることが大事です。

その延長上に、「Whatを考え続けたプロパー職員だからこそ実現できる」広報や就職支援といった活躍の仕方も見えてくるのではないでしょうか。5章では、具体的な事例もご紹介できればと思います。

いずれにせよ、「日々の業務を通じて職員が大きく成長できる。大学は企業以上に人材が育つ職場である」という状態になれば、転職者であれプロパーであれ何の不安もなくなるはずです。ここで述べたような懸念はみな不要になるでしょう。大学が本来、目指すべきはそこであるように思います。教育研究機関たる大学が、仕事を通じての職員の育成で企業の後塵を拝しているのだとしたら、なんだか悔しいじゃないですか。

「本学の常識」は、他大の非常識

この業界にいると、「大学ではこれが普通」とか、「職員なのだからこうするべき」といった言い回しをしばしば耳にします。たとえば私は職員時代に「大学は、前例のないことは苦手なんだよ」や、「職員は、黒子役だから表に立つべきではない」、といった言葉をよく聞きました。しかしその後、前例のないことを積極的に行う大学や、職員主導で教育改革をガンガン進める大学があることを知りました。

教育や研究の話は教員がするもので、職員は事務的な部分だけを担う……なんてイメージもありますが、大学によって実態はバラバラです。高校生や学外からの見学者に対して教育研究の話をするときも、入試広報部の職員は形式的な説明しかできず、出張説明会等でも台本通りにしか話さない。またはそうした場に登壇するのは教員だけというケースは珍しくありません。特に理系の単科大学などではそうです。一方で、当事者である教員よりも広報課の職員の方が、専門的な研究成果をわかりやすく説明できるという大学もあります。

北陸地方にある私立の工科系大学に伺ったときのこと。広報担当の職員の方に案内されてキャンパスを見て回ったのですが、その方はあらゆる研究室の前で、その研究成果を解説してくれました。先生からもご説明はいただくのですが、その職員の方は研究内容を一度自分の頭で理解し、わかりやすいストーリーや表現に編集した上で、こちらがわかるような言葉を選んで話してくれるので、専門外の自分が聴いてもスッと胸に落ちるのです。その方は工学系ではなく、人文科学系出身の職員でした。自ら情報を取りにいく努力を普段からされているのだと思います。これぞプロの姿勢だと感心させられました。

どんな質問も職員は答えず教員にまわす、なんて大学は少なくありません。専門的な研究内容についての問い合わせであれば仕方ない気もしますが、カリキュラムの基本的なことなど、なぜ入試広報部の職員がこれに答えられないのだろうかと疑問に思う場面もあります。こうした例は国立大に多いように感じますが、同じ国立でも職員が積極的な大学はあります。本当に多種多様です。「国立だから」という言い回しも危険ですね。

広報に関わる職員でも、卒業生でない限り「実は実際の授業を一度も聴講したことがない」なんて職員は珍しくありません。「まさか職員が先生方の授業に入るなんてとんでもない、学問の自由を脅かすという理由で反対されちゃいますよ」、なんて言う方もいます。授業に触れないのが暗黙の了解という組織もあるのでしょう。でも、職員が聴講を望めばほとんどの先生は大歓迎してくれる、なんて大学もあります。どちらも教職員たちは「大学なのだから、それが当然でしょう」と思っているはずです。

教育研究だけではありません。組織文化も多様です。

ある大学の話です。教務部の若手職員A氏が、入試広報部の若手職員B氏とブレイン・ストーミングをしようと考えました。教務部で接しているさまざまなデータには学生募集に使えそうなものがあるかもしれないし、高校生の様子を入試広報部から聞けば教務での学生支援のヒントになるかもと考えたのです。アメリカの大学では、学生の教学データを教育や募集活動、さらには卒業後の支援にまで総合的に活かす「エンロールメント・マネジメント」という発想が広がっている。教務と入試広報で意見交換すれば、得られるものがあるのではないか。若手職員の両氏はすっかり乗り気になりました。

話はここからです。さっそくA氏は自分の上司に「1時間ほど、Bさんとミーティングをしたい」と相談。すると上司の顔が曇りました。それは君の仕事ではないだろう、なぜそんな必要があるのかという指導が始まってしまった。A氏は趣旨を説明したのですが、「B氏は他部門の職員であり、その労働時間は他部門の管理職によって管理されている。あなたがやろうとしているのは他部門の時間とコストを奪う行為であり、それを行うというのなら上に申請をして許可を得ねばならない」というのが上司の主張です。A氏の上司である教務課長から教務部長、そして事務局長へ申請を提出し、それが入試広報部、入試広報課まで下りてきて初めて1時間のミーティングが可能だとのことでした。結局、B氏に迷惑をかける行為は控えるべきだという理由で、ミーティングは実現されませんでした。

もしあなたが現役職員であれば、「うちも同じようなものだ」と頷いている方もいるかもしれません。でもこれ、「本学にとって良いことをしようとしているのだから、好きに自分たちでミーティングしなさい。無駄な手続きなんて要らないよ」と言われる大学もたくさんあります。職員からさまざまな教育改革案が提出されたり、現場での細かな改善が進んでいたりする大学にはそんな組織が多いように感じます。一つの組織文化だけしか知らないと、これらが当たり前のことかどうかも判断できません。この例で言えば、A氏の大学の管理職たちはおそらくさらに上の世代から「常識」を教わってしまったのでしょう。

私はさまざまな大学でプレゼンや会議をしていますが、会議中、職員が一言も発さない大学はあります。そういう組織文化や規則があるのでしょう。実は言いたいことがありそうな方もいて、少々気の毒になります。

女性職員だけ、ほぼ全員が統一された事務服を着用しているという大学もあります。一昔前なら珍しくはなかったのかもしれませんが、さまざまな業種でこうした服装が廃止されている現在では違和感を覚えます。総合職と一般職とで服装を分けているのかもしれませんが、それならそれで女性職員だけが事務服だというのは偏りを感じさせます。他の大学でこの話をすると、「今の時代に!? 信じられないです」という反応をされることが多いです。

ボトムアップで次々にアイディアが実行される大学もあれば、細かなことまでトップの決済が必要な大学もあります。理事長の交代によって、急に前者タイプから後者タイプの経営スタイルに変わってしまった例もあります。やり手とされていた職員の方に久しぶりにお目にかかったら、表情から生気が失われており、その後、転職されていました。

「本学の先生方は本当に熱心で、良い教育をしているんです。学生たちもみな素晴らしいんです。そうした良い点を多くの方に知ってもらいたいので、できることを考えています」と職員が熱く語る大学はいくつもあります。その一方で、「どうせ偏差値でみんな決まっているんですよ。職員が何をやったって何も変わりはしないのだから、広報なんてやるだけ無駄なんです」と入試広報課の職員が言い放った大学もあります。先生方は今後に向けて危機感を覚えていたのですが、職員組織はそうでないようでした。

「大学ではこうするものだ」も、実は「本学ではこうでした」に過ぎないことが少なくありません。「職員の常識」は「本学の職員の常識」であり、それは他大学では常識ではない可能性があります。教員には非常勤講師としてのキャリアも含め、いくつかの大学での仕事を経験している方も多いでしょう。工学系など、民間企業での勤務経験者が多い学問領域もありますね。一方で職員は、新卒採用から現在に至るまで一法人でしか働いていないという方も多い。聞いた中で最も同一の学校歴が長かったのは、「附属校と大学で学び、母校にそのまま就職したので、人生の大半をこの学園で過ごしています」という例でした。これはこれで素敵なメリットも多いでしょうが、油断するとその敷地内でしか通用しない考え方や慣習を、大学業界の常識だと思い込んでしまっている可能性があります。

「大学なのだから」は思考を止める言い回しです。それが常識だと言い続けていれば、目の前で発生している課題も、そんな現状を変える必要性も、ないことにできます。ですが、職員としてのあなたの成長機会は失われ、組織全体の活力も低下していくはずです。私もかつてはそう考えてしまう職員の一人でしたが、そうでない例に出会い、気づかされました。組織内の会話で「大学では……」が出てきたら、現役職員の皆様はお気をつけください。

〈注〉

（4）小室昌志「私立大学職員の就業形態の変遷に関する一考察――正規雇用職員と有期契約職員の分析を中心として」（『評論・社会科学』〔同志社大学人文学会、同志社大学社会学会〕第93号〔2010年9月〕）

コラム3　大学職員による学会もある！　プロを目指す人のためのさまざまな場

本文でも紹介した大学行政管理学会は、大学職員を中心とした学会です。「大学の行政管理について実践的、理論的に研究し、大学行政管理にたずさわる人材の育成をとおして、大学の発展に寄与すること」（大学行政管理学会定款第3条）を目的に掲げています。会員数は1204名（2021年8月20日現在）で、一般社団法人として各大学から選出された役員を中心に運営されています。大学職員が集うコミュニティとしては日本最大のものでしょう。

大学教育学会や日本高等教育学会など、高等教育に関する学会は国内に複数ありますが、大学行政管理学会は現役の職員が中心であること、大学のマネジメントに関連するトピックが中心であること、それゆえ実践に基づく、あるいは実践に役立つ研究が多いといった点が特徴です。

初代会長を務めた孫福《まごふく》弘氏は、「行政・管理が、これまでの『現場の経験知』や『カン』に大きく依存するレベルから脱却することを目指して、『経験知』の意識化と検証の営みや、行政・管理領域の系統的理論化とその実践的評価などを徹底して追求し、もって効果的かつ適切な大学運営のあり方を模索することに求められるべき[5]」だと述べています。第6期の会長を務めた福島一政氏も、孫福氏の言葉を引用しながら「当学会の目的は、研究者のようにアカデミックな業績を追求することでもないし、職員の中から専門の学者を養成することでもない」と添えています[6]。

もちろん学会ですので会員による研究活動は盛んです。年に1回開催される研究集会で発表される方もいれば、定期刊行される学会誌に論稿を投稿される方もいます。その上で、この学会が理論的な研究を発表する場であるにとどまらず、大学改革を支えるプロフェッショナルな大学職員の育成という目的も持っていることが、両氏の言葉からは読み取れます。

北海道から九州・沖縄まで地区別の委員会を持つほか、「大学人事・事務組織研究グループ」「大学防災（減災）教育・対策研究グループ」「財務研究グループ」といった研究グループ、「大学改革研究会」「女子大学研究会」「教育マネジメント研究会」といった研究会もあり、それぞれのテーマに関心を寄せる方々が活動を行っています。

……と一般的な学会と共通する部分は多いのですが、だからといって参加のハードルは高くありません。勉強会で情報を収集することが目的という方もいます。自分の目的に合うレベルで参加して良いでしょう。

個人的な印象ですが、多くの会員が期待しているのはおそらく、人的ネットワーク形成の機能かと思います。特に年に1回開催される定期総会・研究集会は、全国各大学から職員が集まる一大イベント。「おっ、○○大学のAさん、お久しぶりです」などと旧交を温め合ったり、新しいつながりを得たりといった機会を担っているように思います。

「理想とする職員のロールモデルが職場にいない」という方には、特に参加をお勧めします。大規模総合大学の幹部職員から、地方の小規模な大学で複数の業務を兼任している若手職員まで、多彩な顔ぶれに学べることが多いのです。何より、ここにわざわざ参加している職員はみな意欲が高く、日本の大学業界の今後に対して適切な危機感を持っている方ばかり。職場の同僚よりも、大学行政管理学会で顔を合わせる知人のほうが話が合う……なんて方も少なくないのではないでしょうか。

〈注〉
（5）孫福弘「『大学行政管理学会』発足の意義」『大学時報』第二五三号（1997年3月）
（6）福島一政『大学経営論――実務家の視点と経験知の理論化』（日本エディタースクール出版部、2010年）

特別インタビュー

笠原喜明　大学行政管理学会　会長

東洋大学の職員として長く勤務し、現在は同大学の事務局長、経営企画本部事務室長という要職を務める笠原氏。2021年9月からは大学行政管理学会の会長としても活躍されている。そんな笠原氏に今後の大学組織や、職員のあるべき姿についてお話を伺った。

――現在の業務について教えてください。

現在、東洋大学では事務局長と経営企画本部事務室長という二つの職務に就いています。経営企画本部は学部やキャンパスの再編や附属校に関する施策など、法人全体に関わる業務を担当する部門ですね。事務局長としての役割は、基本的には調整役です。たとえば複数の部署の業務領域にまたがる取り組みの際に声かけをして最適なチームを作る、といった役割は事務局長に期待されるところです。

もともと東洋大学に事務局長という役職はありませんでした。しかし理事や教員と違って長期的に組織全体に関わり、実務経験も豊富な職員が事務局長としてマネジメントに携わることが大事だという意見が挙がり、自分が初代の事務局長になりました。教育・研究に従事する教員と比べ、職員はフルタイムで運営にあたれます。職員の方がさまざまな場面で実際に「動ける」という点は確かにあると思います。

――業界と職員の変化をどうご覧になっていますか？

東洋大学に入職して36年目になりますが、本学では職員の仕事内容や責任は変わってきたと思います。かつての職員は、たとえば学部のカリキュラム作りなどに対して口を出せるような立場ではありませんでした。現在は職員もしっかり勉強すれば、そうした業務に関わる機会がありますし、実際に私も経験しています。先生方にはご自身の専門分野があり、自分の教える授業がある。だからこそカリキュラム全体の姿にまで意識が及ばないこともあります。ニュートラルな立場でものを言い、考えるのは職員の役割ではないでしょうか。

学部を新設する際なども同様です。いま受験生に人気の学問領域と、大学卒業後に必要とされる領域は必ずしも同じではありません。長期的な視点で社会の変化を見ることも重要です。少し先のことを考えて、どのような学部を設けるべきか構想する。そういった視点は職員の方に期待されていると思います。

今後、18歳人口は減少し続けます。そこについては危機感を持っています。大学間の連携は深めていく必要があるでしょう。合併とまではいかなくても、教養科目を複数の大学で協働して開講し、その分、専門教育に人材をまわすといった施策が必要になるかもしれません。学生からの授業料だけでは先細りですので、その先の収入源を見つけることも大事です。大学院の強化や留学生の獲得、社会人向けのリカレント教育など。他大学では将来に向けて入学定員を絞るような動きも見られます。そうした発想も必要かもしれません。
東洋大学の財務状況は良好です。単年度の教育活動収支差額比率なども他大学に比べて良い。ただそれを十分に研究活動に投資してきたとはいえません。良い研究、良い研究者に投資することもこれからは大切です。若い研究者を育成するために、どのような形で予算を使うかといったことも考えていく必要があります。

――大学職員に求められる資質や能力とは何でしょうか?

人それぞれだと思います。たとえば私は組織全体のことを考えて動くのが好きなタイプ。もし特別養護老人ホームなどで働くとしたら、施設長としては良い仕事ができると思います。でも利用者に対して直接ケアをするスタッフには向かないかもしれません。利用者の方からすれば、私ではなく違う人のケアを受けたいということもあるでしょう。大学職員も同じで、人によって強みはさまざまですし、その活かし方もそれぞれではないでしょうか。
その上でなお、共通して「良い」と思える人もいます。二点ほど、大学職員として大事と思う要素を申します。

一点目は「自分にはこれが足りない」と思いながら日々学ぼう、成長しようとする人であることです。学生に対する就職・キャリア支援部門の仕事を例にしましょう。そこで働く職員たちは就職活動についてさまざまなことを知っています。対して学生たちは、初めて就職活動をする。持っている情報や経験では職員のほうが優位に立つことになります。しかし、それに甘んじて仕事をしてはいけません。学生も多様化していますので、たとえば起業したいといった相談があった場合、職員の知識の範囲で「そんなことは無理だ」と言ってしまうようではその職員も、部署全体もレベルアップしません。学生の希望や考えに寄り添い、職員も常に勉強し続ける必要があると思います。

それに私たちも定年退職後、いつか組織を離れて自分で生きていかねばなりません。その先も人生は続きます。その上でも、やはり学び続けるということは大切です。

二点目は「つなぐ」「つながる」ということを大事にする人。つながることが上手な人と言っても良いでしょう。私たちは日々の仕事の中でさまざまな課題に直面します。目の前に課題があったとして、しかし自分ではこれを解決できないということもある。解決のためのヒントを持っていそうな人が他大学にいるのであれば、そこにつながって解決法を見出し、その成果を学生に還元するという姿勢が大事です。大学には多くの教員がいますが、先生とつながることを面倒くさがってしまう職員もたまにいるようです。「それは先生方で決めてください。ここはこちらで決めます」と、自分の中で線を引いてしまう。それはもったいないですよね。

大学のユーザーは、基本的に学生時代の「一回きり」です。たとえば車のユーザーであれば、買った車の性能やお店の対応が悪ければ次は別のメーカーで、となる。でも大学は一度入学してしまえば、編入なども簡単ではないし、大学もそこに甘えてしまっている部分があるように思います。かつて人事の仕事をしていた頃、職員採用のための面接やグループディスカッションが終わって参加者の皆さんが帰宅される際、私たちは廊下で頭を下げて見送っていました。試験に合格しない方もいると思いますが、そうしたことの積み重ねが大学の評価を作っていくと思います。

――職員のキャリアのあり方については、どのようにお考えでしょうか?

人事異動はある意味でパズルのようなところがあります。「この人をこう育てよう。そのためにはこのような経験を積んでもらおう」といくら考えても、その通りに進むとは限らない。簡単ではありません。

専門性の高いスペシャリストとして働く職員のあり方には、二つの要素が関わってくると思います。一つめは業務内容。たとえば情報系の業務では、必要な技術の知識がたった数年ですっかり入れ替わるといったことも起きます。そうした領域では常に最新の情報を追うような、スペシャルな方がいたほうが良いかもしれません。ただ一口に情報系と言っても、「情報機器を使った授業の展開をどうするか」といった業務であれば、狭い意味での専門職にこだわる必要はないように思います。もう一つの要素は本人の性格や適性です。人によってタイプは違うので、やはり業務にも向き、不向きはあるでしょう。ですので一つの理論やモデルに合わせて「このようなキャリアのあり方が望ましい」と固定的に考える必要はないように思います。

私は人事の仕事を10年ほど経験し、さまざまな職員を見てきました。中には能力が上がるのがゆっくりな人もいます。でも着実に伸びていくというタイプの方ですね。直属の上司は、すぐに仕事を覚えて活躍する部下に比べ、ゆっくり成長するタイプの部下を早めに外に出したがる。でも組織全体の観点で見れば、こうした人ほどできるだけ同じ部署で長く業務にあたってもらったほうが良いわけです。一方、急速に成長するタイプの人はさまざまな部署を経験させたほうが発想の幅が広がっていく。キャリアパスのあり方についても、さまざまなタイプがいて良いように思います。ただ最近は失敗を恐れる人、失敗したくないという気持ちが強すぎる人が増えてきたように感じます。何事においても「見通しが明確じゃないのは嫌だ」という人もいますね。そのあたりは少々心配です。変化を恐れない人に来てほしいですね。

学生、教員、あるいは社会に対してでも良いのですが、「誰かのためになりたい」「誰かの役に立ちたい」という気持ちがない人には、大学職員の仕事は厳しいと思います。一時期、東大生など難関校の学生が続々と職員の採用試験を受けてきたことがありました。しかし中には、「あなたは入職したら何をしたいですか」という質問に対して「私が窓口をやってもしょうがないですから……」と話すような方もいた。そうした方は採用したくありません。何であれ、一つひとつの仕事の上にそれなりの立場がついてくるものです。その点では、最低限の仕事だけしかしたくない、事務職員なのだから事務処理だけしていたい、といった人も今後は厳しいかもしれません。

なお「学生の支援をやりたい」といった希望を持っていても、入職後の配属でそれが叶わないということはあり得ます。ただ元々、学生から見えている職員の仕事は全体のごく一部だけ。東洋大学では採用活動時のエントリーシートに、職員が配属される部署の一覧を掲載しています。こんな業務もあるのだなと理解を深めていただくための工夫です。

――職員の間で、世代間の違いはあると思いますか？

今の若い職員は自分たちが若かった頃に比べると、学生に対してとても親切ですね。日本社会が豊かになったということでもあるのかなと思います。人から優しくされて育ってきたので、他者に対しても優しくすることに抵抗がない。そのような変化を感じます。世代の違いという点で言うと、一定以上の年齢の職員の中には、「〇〇という理由でダメだから」と、「ダメな理由を探す人」もしばしばいるように思います。やりたくないから、やらなくて良い理由を探すことが上手な人。そういった人が職場の中で力を持っていると、その職場はダメになります。

機会を与えれば人は育ちます。上司が若手職員に対し、成長の機会を与えているかどうかが問われます。東洋大学では入職して3カ月目に研修があり、そこで入職以降の成長について新人職員本人が発表する場面があります。そこで「〇〇の手続きを覚えました！」といった発表があると心配になります。決まった事務手続きを覚えることも業務では確かに必要ですが、それを成長と表現して良いのか。上司がどのように仕事を捉え、部下に伝えているかもこの場でわかってしまいます。本学では大学基準協会や経済同友会など、外部の組織に職員を出向させることもあります。自らそれを望み、関係各所で準備を終えてから人事へ相談に来るような行動的な職員もいます。そうした人が出向先から戻ってきたとき、使いこなせる上司や部署であるかどうかも問われるのだと思います。

――大学行政管理学会についての考えをお聞かせください。

実践的、理論的に研究を行い、その活動を通じて大学を担う人材を育成していくことが、大学行政管理学会の目的です。学会の活動を通じて素晴らしい職員が育っていくことを願っています。

研究をするとなれば、普段の仕事より一段上の勉強が必要になります。実際、修士号や博士号を持った方も増えてきている。学会のレベルは上がってきています。もっとも現在1200人以上が参加しており、何を求めて参加しているかも実際にはさまざまです。査読付き論文を書き、大学教員を目指すために研究成果を上げていくことを重視している人もいる。一方でつながりや連携を求めて参加している人もいます。そうした交流の中で、学生さんに対して良い教育サービスができる職員が育ってくれたらと思います。

地方での人材育成は重要なテーマです。都心部に比べると大学の数も少ない。大学職員として成長するためには経験や挑戦の場数も大事ですが、その点で地方の大学には苦戦しているところもあります。コロナ禍によりオンラインで学ぶ機会が増えたことは、その点では良かったかもしれません。

私より3つ上の先輩が異動してしまった
違う部署になっても旅行行きましょうね!!
ぎゅ〜っっ♡
うん!!
先輩はデザインソフトを使いこなしクリエイティブな仕事をしていた
あこがれるぅ〜
チラシ
ポスター
まかせて♡
ガイドブック→
ねぎま大学
異動して一週間後
わっ先輩! 新しい部署どうですか?
どよ〜ん
あ… おはよ…
今週の業務はリングファイルの穴にシールを貼ることだね…
コレ
今日もやるよ
えっ
大学職員あるある
超単純作業
そんな時もある…

大学マイスター倉部の
四コママンガ解説 ④

地味で単調な作業もままあります。
いずれも誰かがやらねばならない大事な仕事ですが、「いまその人にその作業を!?」と皆が思う状況になることも。

4章 それでも大学職員になりたい人へ

なぜ大学職員が人気になったのか

本書では就職・転職市場での大学職員の人気ぶりにしばしば触れていますが、先述の通り、以前からこのように人気だったわけではありません。なぜ現在のようになったのかは不明です。ただ、大学職員志望者が集まるグループチャットやSNSでの投稿、そして今回実施したインタビューなどから、人気を集めているポイントは窺えます。見かける頻度が高い意見として、以下のようなものが挙げられます。

①給与水準・待遇の点で恵まれている
②労働環境がホワイトである
③学生の成長に関われる仕事である
④社会的意義の大きい職場である

もちろん、「学術研究を支えたかったから」「高等教育の今後の変化に関わっていきたいから」など、実際には他にもさまざまな志望動機があると思います。就職活動時に提出されるエントリーシートなどには各志望者が熟考し、しっかり整理した動機が書かれていることでしょう。一方で、SNSなどで現役職員に対して寄せられる質問などからは、「ぶっちゃけた」本音も見え隠れします。

前述した④の、「社会的意義の大きい職場である」というのはその通りであり、多くの現役職員もきっと共感するところでしょう。どの部署に配属されてもこれは当てはまります。もし望んでいた業務には従事できなかったとしても、自分なりに日々の業務を通じて社会のために貢献できているのだと思えるというのは、教育機関や非営利組織に共通するやりがいでしょう。

③の「学生の成長に関われる仕事である」も広義では事実なのですが、自分が業務の中で学生に直接関われるという保証はありませんので、そこは注意が必要です。志望時の期待と入職後の実態にミスマッチが生じやすい点です。

問題は「①給与水準・待遇の点で恵まれている」「②労働環境がホワイトである」の2点です。本音が飛び交うSNSの世界で最も多くの関心を集めているのも、どうやらこの2点の様子。就職先選びにおいて非常に大事な要素ではありますから、ここに関心を寄せる方が多いのは別に悪い事ではありません。ただ、その期待がときに過剰であったり、信頼性に乏しい一部の情報を信じている方がいたりすると、心配になります。

噂の真相①——年収1000万は本当？

「有力私大の職員なら、誰でも40代で年収1000万超え！」というのは、大学職員の仕事を紹介するブログやSNSなどでしばしば見かける表現です。こうしたブログの大半は、現役大学職員を名乗る個人によって運営されています（失礼な表現ですみません、でもご本人のご所属や本名を存じ上げないので、こう表記するしかないのです）。

さらに言えばこうしたブログやSNSの多くでは、大学職員志望者に対してエントリーシートの添削を勧めたり、転職エージェントサービスへの紹介リンクをアフィリエイト付きで掲載したりしています。エントリーシートの添削は有料ですし、アフィリエイトが設定されたリンクをユーザーがクリックすれば、ブログの運営者には広告の出稿主からお金が入ります。別にそれが悪いというわけではないのですが、こうした情報を活用する側は、「商売っ気」のある情報であるという前提を忘れずにおく必要があるでしょう。多くの方が「大学職員って良いな。このブログでもっと調べよう」と思えば思うほど、こうしたブログ運営者にはお金が集まっていく仕組みなのですから。

その上で、さて「有力私大の職員なら、誰でも40代で年収1000万超え！」というのは事実なのでしょうか。答えは「事実ではない」です。正確に言えば、かなりの補足が必要な情報だと言えます。

一部の私大職員が現在、40代で1000万円以上の年収を得ているという事実はあります。これは各大学の給与規定や俸給表で確認できますし、インタビューでも度々、実際にそのくらいを得ているという声をいただきました。信憑性は保証されませんが、転職者向けの口コミサイトなどでも、一部の学校法人では待遇に関してそのような書き込みが見られますね。

しかし私大といっても経営状況はさまざま。世間的に多くの方がイメージする「有力私大」は、入学難易度が高い、学生数が多いといった条件を満たす大学かもしれませんが、難関私大でも教職員の待遇がそこまで良くないという例は少なからずあります。

「誰でも」という表記も大きな誤りです。課長、部長と昇進を重ねていった方の中には年収1000万円を超える例があるかもしれませんが、経営状況が良い学校法人であっても、全員がそうしたポストを得ているわけではありません。プロパー職員のキャリアパスが今後も保証されているとは限らないという点は前章でもご紹介しました。

何よりも重要なのは、この「40代で1000万円」は、20年前に入職した方のデータだということです。再三申し上げているように、この20~30年間で大学を取り巻く社会状況は激変しました。しばしば「○○大学ではボーナスが6・5カ月分支給される!」といった記述をブログやSNS等で見かけるのですが、20年前に6カ月分以上のボーナスを支給していた大学が、現在は4カ月分ちょっとしか支給していないという例も(切ないですが)実際にあります。

学校法人はどこも現在、人件費の抑制に熱心です。ある難関私大では数年前、俸給表が大幅に改定されました。その年の前までに入職した教職員と、その年以降に入職した教職員とで、生涯にわたって得られる給与がまるで違うのです。既に在職している教職員の待遇を下げることは難しい。反対意見が相次ぐでしょうし、裁判にもなり得ます。ならば新規参入される方の待遇を下げるほうがハードルが低いというわけです。ウェブ上で見つけられる「これまで」の年収実績の数字だけを見ていては、こうした実態に気づけません。

より多くの学校法人で実践されているのは、人事評価制度の導入でしょう。俸給表の変更は反対されやすいので、規定そのものには手を着けず、ルールの運用によって人件費を抑制するのです。さまざまな条件を満たした方だけが昇給できるような人事評価制度を作れば、「給与が上がらないのはあなた自身の責任だ」と言えます。人事評価制度という取り組みにはさまざまな意義がありますし、制度自体を否定するつもりはありません。ただ経営者の立場になって考えれば、人件費の総額を大きく増やすような制度なら導入しないだろうと想像はできます。人件費は学校法人の支出のかなりの部分を占めます。それを減らせる制度だから経営陣は積極的に導入するのではないでしょうか。事実、学校法人の経営陣に対して経営アドバイスを提供する団体はいくつかあるのですが、そうした団体がウェブ上で公開しているレポートには人件費抑制のためのさまざまなアイディアが紹介されており、評価制度についての言及も見かけます。教職員の給与をもっと下げるべきだと考えている経営者は、一定数いるのではと思われます。

「私大職員の年収は、平均で734万円」というデータも、一部のブログ等でさかんに喧伝されています。ほとんどの場合、出典も明記されていないのですが、特定非営利活動法人大学職員サポートセンター（2022年11月に解散を発表）が2007年に公開した「大学職員希望者のための就活セミナー」という資料に、その数字を確認できます。「日本私立学校振興・共済事業団資料より引用」とあり、2005年分のデータとして、「平均年齢42・8歳、平均年収7345千円」という記述があります。引用だらけで一次資料をたどれないため、この調査結果が専任事務職員だけを抽出したのかどうかも不明ですし、それ以前に18年も前のデータです。各学校法人の労働組合が紹介している資料などを参照する限り、各種の手当なども廃止または減額の方向にあります。人事部に所属する現役職員の方にも何人か取材で確認しましたが、「どう考えても平均はもっと下がっている」というご意見ばかりでした。「734万円」は鵜呑みにしないほうが良いでしょう。

「年収が高い大学ランキング」のようなものを独自に作成し、公開しているブログもあります。俸給表に基づき作成したなどと書いてあると一見、信頼性がありそうです。しかしその俸給表の出所が示されていなかったり、すべての大学に対して一律に「基本給×16カ月」という計算を当てはめていたりといったケースもあります。明らかに古いデータで、現在の実態はもっと低いにもかかわらず、「大学職員の待遇は良い」という言説を強化するためにあえて古いデータを引用しているのではと思われる、悪質なものもありました。すべて嘘だとまでは言いませんが、こうした個人ブログやSNSでは数字が「盛られる」傾向が目立ちます。過度に信用するのはやはり少々危険です。

大学にだって降格はありますし、定年まで管理職にならない方もいます。「有力私大の職員なら、誰でも40代で年収1000万超え！」を現状に合わせて正確に記載するなら、「経営基盤が盤石であり、今後も社会の変化に対応して経営努力を怠らず、かつ教職員の待遇維持にも熱心な学校法人。そこで健全な危機感を抱きながらキャリアアップの努力を重ね、民間企業等からの中途採用者に負けない評価を得て管理職のポストにつき、急に法人の経営方針が激変しても上手に対応し、一定の評価を受け続けていれば年収1000万超え」くらいでしょうか。もしくは幸運の星のもとに生まれているかです。もっとも、これだけ優秀な方であれば今の職場に固執する必要もなく、他の法人でも問題なく活躍できるのではないでしょうか。

日本同様に大学職員が人気を集めていた韓国では、状況が変わってきているそうです。

　一時は「神の職場」とまで呼ばれていた韓国の大学職員だが、今ではそうでもなくなっている。10年前の時点では、初任の年俸で大企業に劣らぬ給与水準を有し、私学年金で安定的な老後まで保障されているとあって、羨望の対象だった。ところが経営困難になる大学の増加で、教職員もまた同じように困難な立場に置かれているのだ。

（「韓国で『神の職場』から『ただの職場』に転落した大学職員」『朝鮮日報』2023年

1月22日付　https://www.chosunonline.com/m/svc/article.html?contid=2023011980183）

記事によると、ここ20年ほど企業は給与水準を上げ続けているのに対し、多くの大学では賃金がほとんど変わらず、そのため相対的に待遇面での優位性が失われてきたとのこと。一方で経営状況の厳しい各大学は職員の人数を減らしてきたため、仕事のきつさは増大しているそうです。「教授にお仕えする」という職員の文化に不満を抱く若い職員たちも多いそうで、2021年には大学職員総数の1割程度が離職。その7割ほどは、在職期間5年未満の職員だったとのことです。

環境も違いますし、日本も同じ状況になるとまでは言えませんが、参考にはなります。ここ数年、日本ではあらゆる産業で給与が足踏み状態でした。そのため大学職員の給与水準は高く見えます。ですが今後、日本経済が上向きになって他業種の給与水準が上がり始めれば、優秀な層からの支持を失っていく可能性はあるでしょう。業務は間違いなく今より大変になっていきますが、待遇が今以上に良くなる見込みはあまりないのですし。

「大学職員なのだから給与は高いだろう」と職場に期待するのではなく、「大変な業界だけど、私はがんばろう」くらいのスタンスが良いように思います。確かに、世間並み以上の待遇の学校法人も少なくはありませんが、くれぐれも期待を過度に煽るような、煽動的な情報にはお気をつけください。

噂の真相②――「楽な仕事」は本当？

給与の数字だけ見れば、大企業に就職したほうが稼げるかもしれない。でも大学職員は、まったりとした楽な仕事で高給だからおトクなのだ……そんな記述も、ウェブ上ではしばしば見かけます。転職情報サイトなどで在職者が投稿されている口コミなどにもこうした表現はしばしば登場するため、「楽」と感じている方が一定数いらっしゃることは事実なのでしょう。ただ、何をもって「楽」とするかは人それぞれ。仮に「離職率1％」という組織があったとしましょう。世間的に言えばかなりホワイトな職場と言えそうですが、誰も辞めない背景に「がんばらなくてもこれまでは年功序列で自動的に待遇が上がっていったから」という理由があったとしたら、大きく成長できる環境を求める若者にとっては、不安を感じる職場かもしれません。

年功序列、終身雇用の人事システムを維持する従来型の日本企業では、若いうちは会社への貢献を求められるのに給与水準は低い、でもある年代を超えると給与水準が上昇して、若いときの苦労に見合う報酬を回収できる……という仕組みが広く採用されてきました。しかし日本経済の低迷もあり、長く勤め続けても自分の世代は思ったほど給与が上がらないのでは、と気づいた若手が辞めていくケースが増えているようです。これと同様に、同じ大学に勤める職員でもいま50代の方にとってはホワイトだが、20代の方にとってはグレーなんてケースは珍しくないはずです。

学校法人によって本当に労働の実態は千差万別です。ボーナスがほとんど出ない大学、サービス残業が常態化している大学、休日出勤しても振替休日が取れない大学、出産した女性職員が冷遇される大学、男性の育児休暇が快く思われない大学、人事評価制度で昇給する人が極めて少ない大学、教職員から法人が訴えられている大学……すべて現実に存在します。強権的なトップダウン経営のもと、健全な議論ができない状態になっているような法人もあります。経営立て直しで注目を集める大学には、人件費抑制策による労働環境の悪化が隠れていることもあります。素晴らしい教育成果を支えているのが、献身的な教職員たちによる時間外労働なんてことも。それらすべてが悪いとは限りませんが、大学なのだからきっと楽なはずだという思い込みは危険です。

高校訪問した先で冷たく門前払いされることもありますし、自分は悪くないのに教員から怒鳴られることも（ときには）あります。文部科学省からはさまざまな業務が毎年のように降ってきます。誰かの思いつきによって新しい仕事は増え続ける一方、これまでやってきた仕事が減ることは稀です。業務状況を定期的にチームで共有し合う文化がない組織もありますが、その場合、いま誰が何をどのように進めているのか、誰も把握できていなかったりします。頻繁に出張のある部署もあります。志願者数や寄付金獲得額など、追わねばならない数字もあります。穏やかな同僚に恵まれれば平和な日々を過ごせるかもしれませんが、そうでない環境に放り込まれることもあります。定時に帰れる日もありますが、遅くまで残業続きのこともあります。夏休みなどは比較的長く取れますが、それは隔週土曜日に出勤しているからです。入試シーズンなら13連勤以上ということもあります。労働基準法違反とされた事例もありますし、ハラスメントや陰湿ないじめもあるところにはあります。

これらをもって「ハードな職場ですよ」と言うつもりはありません。世の中にはよりキツイ環境もごまんとあるでしょう。ですが、大学は楽ですよねと言われても、それは肯定しかねます。楽と感じるかどうかは大学ごと、部署ごと、そして個々の職員ごとに違う。「大学だから楽」と断じる情報にはお気をつけください。

むしろ実際には、辛さを感じている方も少なくありません。うつなど、メンタルの調子を崩して休職・退職に至るケースもあります。

「年齢層を問わず、毎年のように休職者が出ている」

「私自身、機会があれば他大学へ転職できるよう備えておきたいと思っている」

……といったご意見を、今回のインタビューでも多く伺いました。期待していた新卒職員が2年経たずに辞めた、中途採用者が早々に辞めたなど、離職のケースも現在では珍しくありません。さまざまな業務が特定の職員ばかりに集中し、心身を病んでしまったなど、組織や管理職に問題があるのではと思われるケースもしばしば聞きます。

大学でもさまざまなハラスメントは発生し得ます。実際、教員と職員、専任職員と非正規雇用といった関係性からパワハラが生まれた事例は少なくありません。学部や研究センターなど、独立性の高い組織単位の中で閉鎖的な人間関係が作られ、リーダーが他の構成員に対して横暴な振る舞いをしてしまったという事例もしばしば報じられます。もちろん各大学はハラスメントの相談窓口を設けているはずですが、それが十分に機能しておらず、SNSなどで「炎上」して初めて問題が明るみに出たという事例も残念ながらあります。

インタビューで多く聞かれた離職理由は、「組織風土が急激に変わり、耐えられなくなった」というものでした。

「（理事長や学長など）トップが交代した途端、人事評価制度で低い評価を付けられる職員が急増した。理不尽とも思える命令や叱責を受け、うつ状態になった職員も少なくない」

「以前なら教授会などで丁寧に議論していたことも、理事会だけで決定できるようになった。民主的な組織風土が年々、変わってしまっている」

「教育や研究での成果よりも、コストカットや収益確保を優先する組織になってしまった」

「組織の方針に非協力的だという理由で、良心的で優秀な教員が解雇された」

……等々。こうした変化には、文科省の主導で進む大学ガバナンス改革も大きな影響を与えているものと思われます。簡潔に言えば、学長や理事長に権限を集中させるさまざまな制度変更のことを指します。従来なら教授会で議論していた重要事項も理事会だけで決定できるといった制度変更が、国公私立を問わず進んでいます。最も強い影響を受けているのはおそらく国立大で、全国で教職員と理事会が対立し、互いに訴訟を起こし合うようなケースも生まれています。

大学ガバナンス改革の是非については、ここでは論じません。トップの権限を強化することで機動的に大胆な改革が進められるという一面もあるでしょうし、専横的なトップによって組織のさまざまな良さが破壊されるリスクもあるでしょう。大学で働くすべての方にとって無視できない改革であるのは間違いありません。実際にその影響で心身を病んだり、休職者・退職者が増えたりする事例も生まれています。こうした変化は予期せぬタイミングで発生し得ます。酷な書き方になりますが、どうすることもできない大きな力によって、あなたの職場が「壊されて」しまうこともあり得ます。そのようにさせないための議論や行動が最重要であることはもちろんですが、万が一の際に取れる選択肢を増やしておくことも大切と思います。

2章で述べたように、大学を取り巻く社会状況はこの20年で一変しました。職員の仕事やキャリアのあり方も、20年前と同じではなくなってきました。「大学職員は楽で高給」といった、20年前を前提にしたような話を鵜呑みにしてしまうと辛い思いをするかもしれません。でも「20年後の大学」で働きたいと思える方なら、職員人生を楽しめるはずです。

大学職員に向いている人、向いていない人

これまでも述べてきたように、職員として大学に就職した場合、基本的にはゼネラリスト型のモデルに沿ってキャリアを構築していくことになると考えたほうが良いでしょう。もちろん今後、状況は変わるかもしれませんし、あなた自身の行動や選択によって異なるキャリアパスが拓かれる可能性もありますが、ここではまず専任職員として最も一般的なルートを前提に考えます。

教務と学生支援、企画と広報のように関係性が深い部署の間で異動を繰り返す方もいれば、業務内容が大きく異なる部門間で異動する方もいます。自分の希望が異動に反映されることもあれば、反映されないこともあります。

このような人事システムである以上、配属された先がどこであろうと必要な業務をその都度習得し、きちんと実践すること、およびその背景にある規定や法令を理解することが求められます。配属希望を出すのはアリですが、もし結果的に意に沿わない部署に移ったとしても、「本当はこんな業務はしたくなかった」と仕事をしないというわけにはいきません。能力的には「学ぶ力」が何より大切ですし、マインドセットとしては、異なる分野への挑戦を自分の成長のチャンスとして肯定的に捉えられる姿勢があると良いでしょう。

先に述べましたが、学生の成長に関わりたい、若い人を支援したいといった動機で大学職員を志望する方は少なくありません。その想いは大学で働く上で非常に大切なものでしょう。しかし職員の配属先は、必ずしも学生に直接関われるところばかりではありません。むしろ学生からは見えていない業務、華やかではないが重要な意味を持つ準備や調整、手続きなどの業務のほうがおそらくは多いのです。その点を理解した上で、それでもやりがいを感じると思えるかどうかが問われます。

「3人のレンガ職人」という寓話を聞いたことがおありでしょうか。出典は諸説あり、各国でバリエーションもあるようですが、いずれも概ね次のような内容です。

旅人が、建築現場でレンガを積んでいる職人に「何をしているのか」と聞いた。

1人目は不満そうな顔で「見れば分かるだろう。命じられてレンガを積んでいるのだ」と答えた。

2人目は「家族を養うためにレンガ積みの仕事をしているのだ。良いお金になる」と答えた。

3人目は誇らしげな表情でこう答えた。「私はこの街の大聖堂を作っているのだ」

行っている作業自体は同じであっても、本人がそれをどのように捉えているかによって、感じる意義ややりがいは変わってくるということを伝える内容です。この話に共感する方は多いでしょう。

大学職員のあり方も、このレンガ職人と共通する部分が多いように思います。それぞれの職員が日々従事している作業には地味で単調なものも含まれます。決まったことを規定通りに正しく遂行する、ルールの施行者であることも職員の役割の一つだからです。自分の能力を活かせていると感じられない作業や、大学らしさをあまり感じられない業務も多いでしょう。それでもその仕事が、学術研究機関という知の大聖堂を形作る重要なパーツの一つであることは間違いありません。社会に大きく貢献する仕事です。そのように捉えられる方は、職員に向いていると思います。

またそうした視点を持つ職員こそが、単調に見えるレンガ積みのような作業の中で、実は重要な意味を持つ独自の工夫を、着実に積み上げていけるのだろうとも思います。

ただ、この点については少し補足をさせてください。今の話は逆に言えば、「私はどうしても○○の業務をやりたい」といった強いこだわりを持っている方は現状の職員の人事システムに合わない、言うなれば「大学職員に向いていない」ということを意味します。ですが、今後もそれで良いのだろうか、という問いも大学にとって必要ではないでしょうか。

本書でも触れてきた通り、大学の業務は徐々に高度専門化していきます。正確に言えば高度専門化する業務と、そうでない業務とに分かれていくと予想されています。そして前者の業務を担える職員にはむしろ、その専門領域に対する強いこだわりも求められるはずです。

もちろん他の業務からも有意義なことを学べるでしょうから、「○○の業務以外は一切、やりたくない」という姿勢はあまりお勧めしません。とはいえ、特定の業務に対する強い想いがあることは、組織にとっても悪いことではないはず。現状の人事システムが大学の今後の理想像に適合できていない可能性についても、指摘しておきたいと思います。

「協調性が最も大事」「同僚との和を乱さないことが大切」といったアドバイスをしばしば目にします。これらも現在の職員のあり方を考える上では事実です。というより大学に限らずいかなる職場においても、協調性はないより、あったほうが良いものでしょう。問題は、「素晴らしいデータ分析力があるが、協調性がない」「傑出した行動力があるが、担当業務の範囲をはみ出てしまう」といったケースをどう捉えるかではないでしょうか。今後を考えれば、個で高いパフォーマンスを発揮するタイプを「職員に向いていない」と切り捨てるだけで本当に良いのかと疑問に思います。

語弊があるかもしれませんが、仮に全体のバランスが多少悪かったとしても、突出した能力や意志の強さで社会に貢献している職業の代表例が、同じ大学で働いている研究者たちではないでしょうか。教員たちは、これまで大学の運営面でも大活躍してきました。学生の状況に合わせて仕組みのほうを作り変えたり、他大学に類例を見ないような画期的な取り組みを始めたり。教員側が教学ＩＲなどの取り組みを牽引している大学も少なくないはずです。ですがこれらは組織を良くするための業務ですし、本来なら教員・研究者の専門領域というわけでもありません。いつまでも教員頼みで良いのでしょうか。運営に関する特定領域で、教員を超える専門性を発揮する職員がいたって良いはずです。

現役職員がいま志望者へ伝えたいこと

私は民間企業（高校生向けの塾）で新卒採用責任者を務めたことがあります。外部の採用活動の専門家たちからアドバイスをいただいて、企業説明会から最終選考までのすべてを企画し、全工程を経験しました。中小企業ではありましたが、数千人の志望者と出会い、学生の皆様の面接や評価を担当してきました。採用活動は当然、一人ではできません。経営責任者である社長から経営幹部、各校舎の責任者、若手～中堅までを総動員する、全社挙げての一大プロジェクトです。そうした採用業務に携わっていると、学べることも少なくありません。

グループディスカッションやグループ面接、個人面接など、複数のステップで選考は構成されています。全社から招集された社員たちが、評価者としてそれらに配置されています。早い段階の選考では各校舎の中堅が面接を担当。選考が進むにつれ、面接官の立場も校舎責任者から幹部へと徐々に上がっていきます。最終面接は社長です。これはおそらく多くの企業で共通する、一般的な選考の構成だと思います。

しばしば「応募者に対して求める要素は、評価する側の立場によって異なる」と言われます。現場のスタッフ、人事部、経営者の3者を例に挙げましょう。

実際の現場で働く若手~中堅は現場のオペレーションを最重視します。「同僚として同じ職場に迎えたとき、業務はきちんとまわるだろうか?」という点に関心を寄せがちです。彼らが望む人物像とは、現場のやり方に適合できる人、一緒に働きやすい人です。結果的に「自分たちと似たようなタイプであるかどうか」という観点に、無意識に引っ張られて評価をしてしまうのです。

経営者が望む人物像は少々異なります。ひとたび正社員として採用すれば、日本ではそう簡単には解雇できません。そのため組織の要望に合わせて働けること、さまざまな部署に異動しても対応できるポテンシャルや学習能力を気にします。組織が小さいほど、優秀な社員に突然辞められると組織に影響が出るため、「辞めないこと」を重視する経営者も少なくありません。現場のスタッフと違うのは、長期的に組織の今後を考えている点。いま現場にある業務には合わなくとも、「今後の組織の事業計画を考えれば、こういった人材も必要かもしれない」と考えれば、高く評価する場合もあります。基本的には、長い目で見て組織にとって有益と判断すれば採用するのが経営者です。

人事部の方々は、現場と経営者の間にいます。経営層が望むような新入社員を期限までにきっちり確保することがミッションですので、成長志向かどうか、学習能力が高いかといった姿勢や能力に加え、「確実に入社してくれるかどうか」という志望度の高さも気にします。心身の調子を崩して休職・退職される方が増えているようなら、そうした点を気にするかもしれません。「楽そうだから」「安定している組織だから」といった安易な志願者を見抜くのも人事部の役目。「採用してみたら、まるでやる気がなかった」「面接の応対はきちんとしていたが、職場では自主的に動くことができず、指示を待つだけ」なんてことになった場合、各部署からクレームを受けることにもなりかねません。

以上は企業も含めた一般論ですが、大学でも概ね同じ傾向が見られるように思います。今回、多くの現役職員の方々に、大学職員を目指す方へのアドバイスを伺いました。回答の内容は、やはりその方の立場に少なからず影響を受けているように思います。立場や年代ごとの違いに注目しながら、以下をご覧いただければと思います。

若手職員の意見（例）

- 素直な人、勤勉な人に来てほしい。自分で調べて動ける姿勢と、誰かからの助言を率直に受け入れる姿勢、両方が大切。（首都圏私大／20代／男性）
- 明るく挨拶がきちんとできる人であるかは大事。（首都圏私大／20代／女性）
- 学生に対して偉そうにしている人は歓迎されない。学び合う姿勢が大切。（地方公立大／20代／男性）
- 自分は学生時代に職員の皆様にお世話になり、自分もそうなりたいと思って入職した。学生に接する部署に配属され、大変だがやりがいを感じている。今後、違う部署に配属されることはあると思うが、好きな母校に貢献できていると感じられると思う。給与や待遇も気になると思うけど、「教育の仕事をしたい」という熱意ある方に来てほしい。

・本学の職員は伝統的に母校出身者の比率が高い。大学によって出身者の比率には差があるので、まずはその情報を調べることを勧める。そうでないと就職活動の努力が無駄になることも。
（地方私大／20代／女性）

・なぜ大学職員を目指すのか、どのような業務に関心があるかといった点はほぼ確実に問われるので、自分なりの回答を用意しておくと良い。ただし附属校などに配属されるケースもあるし、異動もつきものなので、特定の業務しかしたくないと受け取られるような回答は避けるべき。
（地方私大／30代／男性）

・教職協働でプロジェクトを進めていても、職員はどうしても裏方的な役割が中心になる。それが嫌だという方にはお勧めしない。ただ、面接で「裏方に向いていると思うので」といったことを話すのも良くは思われない。
（地方私立大／30代／男性）
（首都圏私大／30代／男性）

中堅職員の意見（例）

・大規模校と小規模校では、職員の働き方が大きく違うと感じている。一緒くたに考えないほうが良い。自分は大規模校から小規模校に移ったが、求められる責任やパフォーマンスは今のほうが多く、やりがいを感じる。前職では事務局の構成員の一人という感覚だったが、現在は教員と協働する機会も多く、期待されていると実感できる。どちらの組織にも一長一短あるので、10年後にどうしていたいかを考えてみては。（近畿圏私大／30代／男性）

・自分は小さな民間企業からの転職組で、以前の職場は残業代なし、深夜までの勤務はザラと、いわゆるブラック企業。それに比べれば本学は残業代も出るし、定時に帰ろうと思えば概ね可能な、かなりホワイトな職場環境だと感じる。ただ隔週土曜日に出勤だし、入試シーズンは休日も出勤と、意外と休みは多くない。またホワイトな職場は言い換えれば「ぬるま湯」なので、仕事に不満を覚えて辞めていく若手もいるし、ドロドロした人間関係もある。仕事の成果が求められない代わりに減点主義で、熱心に提案をする人よりも余計なことをせず波風立てない人のほうが好まれる。小さなことで人事評価が下げられる。暇だからか、どうでも良いようなことが大問題にされていることも。そうした意味ではブラック企業以上に辛い面も多いので、よくよく考えてから志望したほうが良い。

（首都圏私大／30代／男性）

・本学の職員は年齢層を問わず保守的な方が多い。企画性が必要な業務、課題解決型の業務は職員ではなく教員が行うものだと考える風土がある。教員から業務の相談を受けても、

「どうすれば良いか、先生が指示してください」としか返せない者も多い。こうした組織風土に合うかどうかを考えてほしい。

（首都圏国立大／30代男性）

・ＯＢ訪問で「繁忙期は？」「一日の仕事の流れを教えて」といった質問をよく受けるが、配属される部署によって全く異なるので、この質問はあまり意味がないように思う。今たまたま定時で帰れる部署にいたとしても、来年は残業ばかりの部署にいるかもしれない。一応お答えはするけれど、「あなたにとって最重要なのはそこ？　もっと本音で良いから、一番気になっている点を教えて」と言いたい。

（首都圏国立大／40代／男性）

人事部職員の意見（例）

・大学は激変の時代を迎える。これまでとは異なる職員の姿が求められる。厳しくなさそうな職場だといった動機で志望してこられては困る。これまでの職員の仕事のイメージは、今後のそれとは同じではない。先輩たちから学ぶことは多いと思うが、先輩と同じであれば良いとは思わないでほしい。

（首都圏私大／50代／男性）

・今後も18歳人口は減少し続ける。これまで教員が行っていた業務も、職員が担っていくかもしれない。職員はプロフェッショナルでなければならない。プロを目指す方に来てほしい。

（近畿圏私大／40代／男性）

・自ら主体的に学び、動ける人に来てほしい。華やかな業務ばかりではないが、いずれも大学のために大切な仕事だと思って取り組んでほしいし、そう思える人を歓迎する。業務以外の時間でも高等教育の動きに関心を持ち、学内外でしっかり学ぶような職員が今後は評価されるようになる。

（近畿圏私大／50代／男性）

新卒採用試験・面接、知っておくべきポイント

新卒採用で大学職員を目指す場合のポイントを解説します。が、何よりもまず先にお勧めしたいのは、あなたが通う大学のキャリアセンターに相談してみることです。これは大学職員を目指す方だけに限った話ではありません。現在は民間企業がさまざまな就職情報サービスを展開していますし、ウェブ上でも企業サイトから個人ブログまでさまざまな情報にアクセスできます。それらを見て、就職活動のすべてをわかったと考えてはいけません。企業であれ個人であれ、そうした情報源にはさまざまな運営者の思惑も隠れています。あなた個人のことを親身に考え、保護者とは違う立場で客観的な助言を与えてくれるのはキャリアセン

〈表2〉大学の採用活動

国立大学 （国立大学法人）	①全国7地区ごとに行われている「国立大学法人等職員統一採用試験」を受験（筆記による教養試験） ②統一試験合格後、各大学が個別に行う試験に参加（事務系、技術系に分かれて実施。筆記や面接等で構成）
一部の国立大学 （国立大学法人）	統一試験を受験、あるいは各国立大学法人が独自に行う採用活動にエントリー
公立大学 （公立大学法人）	各公立大学法人が独自に行う採用活動にエントリー
私立大学 （学校法人）	各学校法人が独自に行う採用活動にエントリー

ターです。そもそも大学職員を目指す方が、自校の学生支援の仕組みを十分に活用しないというのはあまりにももったいない。職員の働きぶりをリサーチする機会にもなり、一石二鳥です。

ただ、「ウチの大学の職員採用プロセスについて教えてほしい」といった質問には答えられないとする大学もあります。他大生も試験を受けるわけですから公平性担保のため、これは仕方がありません。ですが大学職員全般について質問をするのは問題ないでしょう。OB・OG訪問についての相談も問題ありません。母校の職員を志す場合、母校の人事課に直接交渉をするのではなく、まずはキャリアセンターに相談してみてください。

職員の新卒採用ですが、国立、公立、私立それぞれで採用方法やスケジュールに違いがあります。

国立大の場合、もっとも一般的なのは北海道、東北、関東甲信越、東海・北陸、近畿、中国・四国、九州の7地区でそれぞれ行われる「国立大学法人等職員統一採用試験」を通じて選考を受ける方法です。まずこの統一試験が一次試験になります。たとえば北海道地区であれば北海道大学、北海道教育大学、室蘭工業大学、北海道国立大学機構小樽商科大学、北海道国立大学機構帯広畜産大学、北海道国立大学機構北見工業大学、旭川医科大学という7大学のほか、国立高等専門学校4校、および国立青少年教育振興機構が運営する2施設が職員募集のためにこの試験を利用しています。

統一試験合格後、今度は各大学が個別に行う二次試験に参加。ここには筆記試験や面接等、複数の工程が含まれます。志望者は一次試験にエントリーする前に、各機関が行う説明会等に参加して、業務内容や選考フローについて理解を深めておくと良いでしょう。

東京大学や京都大学、東北大学など、一部の国立大学法人ではこの統一採用試験と並行して、独自の採用フローを設けています。こちらの場合、統一採用試験を受験する必要がないため、大学にとっては民間企業の志望者にもアピールする機会となっています。現時点では採用活動にコストや労力をかけられる一部の大規模国立大学法人に限定されるようですが、統一採用試験と併願できるケースもあるようですので、気になる方は大学の公式サイトをチェックしてみると良いでしょう。

公立の場合、公立大学法人がそれぞれで採用活動を行っています。たとえば「東京都公立大学法人」は、東京都立大学、東京都立産業技術大学院大学、東京都立産業技術高等専門学校の2大学1高専を運営しています。採用されれば法人本部、あるいは3校いずれかのキャンパスに配属されます。キャリアの中でこれらの機関間で異動することもあります。

私立の場合は、大学を運営する学校法人の採用活動にエントリーすることになります。選考方法はさまざまですので、早めにその法人が発表している採用情報を確認しておきましょう。

なお国公私立いずれでも、多くの場合、年齢制限が設けられています。国立大学法人等職員採用試験の受験資格があるのは、試験翌年の4月1日時点で30歳未満の方だけ。これを超えた場合は、基本的には後述する中途採用での就職になります。公立大学法人、学校法人には統一された年齢制限はないようですが、やはり法人ごとに30歳まで、35歳までといった制限を示しているケースが少なくありません。長期的な人材育成の観点から、と説明されることが多いです。

各大学の求人情報は、以下のような方法で探すことができます。

- 各法人の公式ウェブサイトに掲載される求人情報
- 通っている大学のキャリアセンターでアクセスできる求人情報
- 民間企業が運営する就職情報サイト
- 民間企業が運営する就職エージェントサービス
- 大学職員等が運営する情報サイト
- ハローワーク

最も信頼性が高い情報源は、当然ながら公式サイトに掲載されている求人情報です。大学職員は人気職種であるため、公式サイト情報だけで十分な応募者数が集まることもあり、その場合、民間企業のサービスには情報が出回らないこともあります。大量の志望者が殺到しては対応しきれない、という理由であえて公式サイトでのみ情報を開示している大学もあります。ただし各大学が常に新卒採用を行っているとは限りませんし、こうした求人情報が公式サイトのわかりやすい位置に掲載されるとも限りません。学生募集のための案内やさまざまなプレスリリース等に比べると、どうしても扱いが目立たず、気づいたら既に募集が終わっていたという事態もあり得ます。志望度が高い大学があるのなら、公式サイトの小まめなチェックをお勧めします。国立大なら、職員統一採用試験を実施する各地区の採用試験事務室のウェブサイトも参考になります。キャリアセンターで、自校に寄せられた求人情報を探すのもお勧めです。

企業が運営する就職情報サイトもぜひチェックしてみてください。多くの学生が就職を希望する大規模大学などでは、就職情報サイトに求人を掲載する例も増えています。最近は学校法人のほか、国立大学法人や公立大学法人でも、幅広く人材を募るという狙いで就職情報サイトを活用するケースも。先輩職員へのインタビュー記事がわかりやすくまとめられているなど、実は大学の公式サイトよりも詳細な情報が得られることもあります。他の大学や企業と比較する上でも便利でしょう。

ただしこうしたサイトは、採用活動をする企業の側が、メディアの運営元に対してさまざまな掲載料を支払うことで事業として成立しています。多くの掲載料を払った企業は多くの画像を使え、たくさんの情報を掲載でき、ナビサイトでの検索順位も上がる仕組み。逆に最低限の掲載料しか払わなければ表現は簡潔になり、サイト上で情報を探しにくくなります。意地悪な言い方になりますが、知名度が低い企業や不人気な企業ほど多くの掲載料を払って画面を豪華にし、露出を増やそうとするものです。放っておいても人が集まる組織なら、必要以上のお金は払いません。「学校法人と検索して、上位に出てきた組織を受けよう」という探し方はお勧めしません。就職エージェントも同様です。

お勧めの情報源として、「大学職員への道（https://www.大学職員への道.com）」というウェブサイトをご紹介します。個人の方が20年以上前から運営されているサイトで、大学職員の求人を探すならまずはここをチェックせよと言われることもある老舗サイトです。現在もさまざまな大学の求人情報が掲載されています。ご自身で各大学の公式サイトを巡回するのが難しいという場合は、こちらをチェックしてみるのも良いでしょう。

ハローワークで大学職員の求人情報を紹介されたという方もいます。新卒採用に限らず利用できる方法ですが、ハローワークの求人には嘱託職員や契約職員など、有期雇用のものも少なくありません。そうした働き方を探している方にとっては良いのですが、正規雇用の求人に限定して探しているという方は、その点も気をつけてください。

特に新卒で職員を目指す場合、職員の新規採用数、新卒比率、そして自校出身比率を見てみることをお勧めします。ＡＥＲＡムック『大学ランキング』（朝日新聞出版）は、さまざま

〈表3〉2021年度の事務職員採用：
新規採用、新卒比率、自校出身比率

大　学	新規（人）	新卒比（%）	自校比（%）
日本大	36	75	100.0
関西大	34	52.9	52.9
神奈川大	34	26.5	26.5
日本医科大	31	58.1	0.0

※新卒比率、自校出身比率は新規採用のうちの比率
出所：『大学ランキング2023』（朝日新聞出版、2022年より）

な指標で日本の大学の順位を紹介しています。毎年、データを更新した最新版が出版されるのですが、ここ数年は「事務職員ランキング」という項目が載るようになりました。例として、『大学ランキング２０２３』に、表に示したような数字があります。

たとえば日本大学なら、２０２１年度は職員として36人を採用。うち27人は新卒採用だとわかります。そしてこの36人のすべてが日本大学の卒業生だったということです。この前年は88％でしたので、年による違いはもちろんあるでしょう。ただ、母校の出身者が多い組織なのかなという想像はできます。他にもこの数字が１００％の例はあります。同程度の人数を採用した関西大学では、母校出身者が半分程度。神奈川大学では26・5％とむしろ少数派で、日本医科大学に至ってはゼロです。全国の医科大学をはじめ、専門職養成系の単科大学では母校出身の採用者がゼロとい

うケースが珍しくありません。こうしたデータはエントリーの際、参考になるのではと思います。

選考方法や採用基準を気にされる方も多いと思いますが、基本的には民間企業とそう大きくは変わりません。新卒採用であれば説明会等に参加した上でエントリー。書類選考の後、筆記試験やグループディスカッション、面接などに臨むことになるでしょう。応募人数があまりに多ければ、書類選考や筆記試験の時点で人数を大幅に絞ることもあり得ます。大学では多くの教職員が働いていますが、職員の選考に関わるのは基本的に人事部門を中心とした職員と、人事部門の長を務める教員、ほかは経営陣など。限られた人員で多くの志望者の採否を判断せねばならないため、全員が面接に臨めるとは限りません。

就職活動では一般的に、「業界・職種研究」「企業研究」「自己分析」という3つの切り口で、仕事について理解を深めていくことが求められます。大学職員志望者も同様で、次のような点をまずはしっかり調べ、考えていくことが必要でしょう。

- なぜこの業界で働きたいのか。なぜ事務職員なのか
- なぜ（他の法人ではなく）本法人を志望するのか

・あなた自身はどのような人間で、どのような業務に従事したいのか
・今後、どのように成長したいと考えているのか

繰り返しますが、大学を取り巻く社会状況は変わり続けます。決して楽観視できる状況ではありません。そうした点への理解度を確認するという意味でも、高等教育が置かれている現状や今後の大学のあり方についてなど、業界理解を問うような質問が面接で行われるケースは増えているようです。企業理解という点では、その法人が掲げている今後のビジョンや事業構想、力を入れている取り組みなどを事前に知っておくことも大切と思います。

ところで「学歴は採用条件になり得るか」という点を気にされる方も多いようです。いわゆる学歴フィルターと呼ばれるものですね。大学職員志望者が集まるSNSなどでは「早慶・MARCHレベルの大学の職員を目指しているのですが、自分が日東駒専レベルの出身なので厳しいでしょうか」などと、まるで大学受験のような投稿もしばしば目にします。しかし受験での難易度と、職員として入職する難易度は必ずしも比例しません。それを混同する意見は少々心配です。もちろん前述の通り、多くの志望者が集まる組織であれば何らかの形で早めに人数を絞らねばならない場合はあります。「偏差値○○以下の学生はダメ」なん

て水準がはっきり決まっているわけではなくても、総合評価の要素の一つとして出身大学を参考にする可能性はあります。競争率の高い選考であれば特にそうでしょう。率直に言えばこのあたりは大学次第、採用責任者次第でしょうし、中には非常に気にされる採用担当者だっていると思います。いずれにしても、挑戦する前から「どうせ○○大卒の自分には無理だろう」などと自分で線を引く必要はないのではないでしょうか。

「大学だから、卒論の内容をじっくりチェックされたりしますか?」と聞かれたことがあるのですが、職員の採用で、それはおそらくありません。あなたが素晴らしい成績を残して表彰されていたり、オープンキャンパスで学生スタッフとして活躍していたりといった実績を残していれば、加点評価の要素にはなるかもしれません。母校の採用選考に応募する場合であれば特に、「あの○○君か」と選考する側が認識していることはプラスに働くかもしれません。逆に言うと、「ウチの学生なのに、本学への理解度がこの程度なのか」「成績表を見る限り、勉学への態度は良くなかったようだな」といったマイナスの情報も、母校であれば見られるリスクはあります。

新卒採用はポテンシャル採用とも言われます。まだ社会での就業経験がないわけですから、具体的な業務スキルというよりは、自分で学び取る力や主体性の有無、仕事への意欲などを通じて、長期的に見た成長可能性のほうにフォーカスする選考が多いのではないでしょうか。前述した、現役職員からのアドバイスもぜひ参考にしていただければと思います。

なお、「絶対に大学職員になりたいが、新卒での就職は厳しい。だからまず民間企業に入ってから転職したほうが採用されやすいのでは」ともしお考えであるのなら、それはお勧めしません。中途採用者は増えていますが、必ず毎年、お目当ての法人に求人があるとは限りません。新卒のほうを多く採用するという法人も多いです。まずは新卒採用に全力を尽くすことをお勧めします。その上で、結果的に民間企業を経由して転職したのであれば、それはそれでご縁があったということでしょう。

中途採用で、職員へ転職する方法

現在社会人で、中途採用で大学職員になることを検討されている方も多いでしょう。民間企業で働いている方のほか、嘱託職員や契約職員として既に大学で働いており、正規雇用への転換を希望されるという方もいると思います。

大学職員志望者が集まるＳＮＳなどを拝見していると、給与や福利厚生といった待遇面に関心を寄せているのは、転職希望者のほうが多いのかなと感じます。実際、いわゆるブラック企業で働いていた方が、もう少しワークライフバランスを大切にしたいと情報収集して大学職員にたどり着くケースは少なくないようです。東証一部上場レベルの大企業に勤めていた方が、競争的な環境に疲弊して、あるいは経済的利益を追求するよりも社会のためにより貢献する仕事がしたいと考えて、大学に興味を持つというケースもよくあります。どちらも気持ちはわかりますし、動機としてはもっともだと思います。

私自身も大学院修士課程を出てから民間企業で2年ほど働き、私大に転職した一人ですので、事例の一つとして自分の転職の経緯を紹介させてください。

私はもともと大学院でアメリカの教育システムについて研究をしていたので、学生時代からNPOなどの非営利組織、特に教育分野の組織で働きたいと思っていました。しかし当時は正社員として新卒を雇用できる教育系NPOなど、国内にはほとんどありませんでした。「社会起業家」という言葉が注目を集めていた頃でもあり、まずはベンチャー企業などでスキルを磨いてから非営利セクターに移ったほうが、長い目で見れば貢献できるのではとも考えました。それで、たまたま面白そうだと思えた企業に飛び込みました。

新卒入社した民間企業は社員5名のウェブ制作会社で、良く言えばベンチャー、客観的に見れば零細企業でした。担当したのは企画や制作ディレクションの業務。残業代という概念はなく、日付を越えて働くことは日常。入社したその月にはもう泊まり込みを経験しました。給与の額は安くも高くもありませんでしたが、時給換算すれば最低賃金を下回っていたはずです。そこでの仕事内容は非常に刺激的で、大きく成長できたと思うのですが、さすがにずっといたら心身を壊すだろうなとも思いました。それで、もともと教育分野を希望していたこともあり、予定より早いけれど転職先を探し始めました。

そのとき、たまたまある学校法人が中途採用の求人を出しているのを目にしたのです。その時点では大学に限らず、むしろＮＰＯや教育系の民間企業などに関心を持っていましたので、私が私大に転職したきっかけは本当に「たまたま」です。ただ求人を目にしたとき、高等教育の世界はこれから大きく変化するだろうから面白そうだな、と直感的に思えました。当時は大学職員の年収なんて情報はウェブ上にもほとんど存在しなかったので、実態はまったく知りませんでした。というより、あまり気にしていませんでした。そのため、入職して働き始めてから初めてその待遇を知りました。

私の場合、転職の結果、労働時間は約半分になり、年収は２００万円近くアップしました。定時に帰ったとき、まだ外が明るいことと、スーパーが開いていることに驚いたことを覚えています。今にして思えば、中途採用なのに試験会場に200人位の志望者が座っていたり、基礎学力を測る筆記試験があったりした時点で気づきそうなものですが、当時の自分はノンキでした。元の勤務先がブラック企業的でしたので比較するのもどうかとは思いますが、確かに職場としての大学は多くの場合、さまざまな方にとって待遇面で魅力的でしょう。当時の私と同じような状況で働く方が、大学に関心を寄せる気持ちはよくわかります。

ただ、再三述べていますように、学校法人でもブラックな職場は少なからずあります。待遇面でホワイトな職場であっても、そこにはそこの辛い面、大変な面はあります。インタビューで他の現役職員もおっしゃっていたことですが、ホワイトさは「ぬるま湯」にもつながります。「若いうちから責任ある仕事を与えられて急成長できるけど、仕事は割と楽」なんて矛盾した職場は聞いたことがありません。私は最初に小さい企業で働きましたが、入社した半年後には100人位の業界関係者の前でセミナーの講師をしておりました。ですが早い内からいろいろな仕事が経験できたのは、私が優秀だからではなく、単に人手が足りなかったからです。誰か一人が休めば会社の業務に影響が出るくらいギリギリの状況だったからに他なりません。新卒で大学職員になっていたらセミナーで登壇するまで10年かかったと思いますが、それは組織に余裕があることの裏返しでもあります。

「年功序列で全員確実に年収が増えるけど、がんばった人はさらにきちんと評価される」という組織もまずありません。人事評価制度は、年収が増えない人がいるから成立します。「大学」と一言で言っても、私が勤めていたような私大の学校法人と国立大学法人、公立大学法人では環境がまるで異なります。私大ごとの組織風土も多種多様。ですので皆様が職場選びにおいて何を優先されるのか、その価値基準が問われるのだと思います。既に別の組織で働いている皆様であれば、そうした点を冷静に判断できると思います。

職員の中途採用に力を入れる大学は増えているように思います。さきほどご紹介した『大学ランキング2023』の「事務職員ランキング」には、新規採用者のうちの「新卒比」が掲載されています。たとえば関西学院大学は63人を新規採用し、新卒比は6・3%とあります。つまり単純に計算すれば新卒採用は4人で、残り59人は中途採用ということになります。関西学院大学の新卒比はかなり低いほうですが、同書に掲載されているデータでは、30〜60%台という事例が多いでしょうか。新卒比が0%、つまり新規採用者は全員が中途採用だという大学も散見されます。これまで他業種あるいは他法人で社会人としてキャリアを積み、さまざまなスキルを磨いてきた方々が、実際に大学へ転職し、職員として活躍している実績があるからこそ、このように大学への転職も一般的になってきたのでしょう。

裏を返せば、プロパー職員のキャリアパスが以前のようには保証されないということでもある、という点は既に述べたとおりです。個人的には、職員の人材流動性が高まっているのは、業界にとって好ましい傾向だと思います。ただ、法人ごとにこのあたりの人事戦略は異なると思いますので、転職先を検討される際は、こうしたデータもぜひ参照してみてください。

各法人の求人に関する情報源は新卒採用の場合と同様です。先述のサイト「大学職員への道」などには、中途採用に関する情報も多く掲載されていますので、ぜひチェックしてみてください。

なお既に非正規雇用として大学で働いている方の場合、正規雇用への内部登用試験が用意されているケースもあります。学校法人の場合はさまざまですが、国立、公立などでは実施されているところも多いです。こちらも該当する方は、ぜひ法人の人事部門へ問い合わせてみてください。

ただし、「正規職員になるためには、まずは非正規職員になったほうが早いし簡単そう」という発想は少々リスキーです。募集が常にあるとは限りませんし、あるとしても極めて少人数であることがほとんど。他にもその枠を狙う優秀な同僚たちだっているはずです。正規職員募集のために設けられているルートにまずは挑戦したほうが良いでしょう。

　中途採用ならではの注意点もあります。たとえば転職情報サイトなどでは、年間を通じて中途採用に力を入れている法人が散見されます。個人ブログなどで「〇〇大学は求人が多くて穴場。お勧めです！」などと紹介されていることも。でも、「なぜ中途採用がそんなに多いのか」という理由を考えてみてください。事業を拡大している、優秀な人材を求めているといった理由なら問題はありません。定年退職した方の補充を中途採用で行っている場合も同様です。ただし中には、「離職率が高いから常に人を補充している」なんて法人もあるのです。エキサイティングな職場を探している方なら合うかもしれませんが、皆さんが期待されている大学職員像とは大きく異なる職場であることもあります。

　転職エージェントサービスに登録されている場合などは、エージェントが積極的に勧めてくる法人の労働環境を詳しく聞いてみると良いでしょう。現役職員の口コミを掲載している転職情報サイトなども、参考情報の一つとしてチェックをお勧めします。「経営が安定しており、落ち着いて仕事ができる」「ワークライフバランスに満足」といった投稿もあれば、「学生よりもビジネスのことを考えている」「人材育成の仕組みがまるで機能していない」「年功序列で、出る杭は打たれる」「紙文化で、無意味に思える雑務が多い」といった投稿もあります。内容の真偽はさまざまと思いますが、多くの投稿者が皆同じことを指摘しているようなら、事実である可能性は高いと思います。それらを、あなたの価値基準と照らし合わせてご判断いただければと思います。

大学改革人材として転職する方法

新卒および中途とは別枠で、もう一つの採用活動をご紹介しましょう。それはずばり、「大学改革人材として入職する」というルートです。私の周りだけでも該当する方が数名います。ただ、これは大学職員を目指す方の間ではほとんど話題になりません。情報が表に出ないからです。

その前に、大学教員の採用選考について少しだけ触れます。教員は一般的に公募で募集されます。対象となる学問分野や、必要な学位（基本的には博士号か、それに相当する業績）ほか、これまでの研究実績や教育経験などを明示した上で広く人材を募集することが一般的でしょうか。そうしたプロセスが規定に定められているという大学も多いでしょう。既存の学部・学科で特定分野を担当している教員が定年退職してしまうケースや、学部・学科を新設するケースなどがこれに該当します。研究者、教育者として人材を募集するわけですから、専門領域とのマッチングが重要ですね。

しかし中には、「大学改革を担うためのキーパーソンを求めている」なんてケースもあります。学生募集の状況が危機的である、中退率が極めて高いといった大学をどうにかせねばならない。そこで学部長や副学長、ときには学長クラスの人材を外から引っ張ってこようと経営陣が考えるケースです。そんな場合、公募ではドンピシャな人材なんてまず採用できません。「この5つの要素を満たしている方なら改革できるだろう」なんて条件は存在しません。この場合は既に組織改革で実績を上げている、これぞという方を業界の内外から探し出し、こちらからピンポイントで声をかけることになります。一本釣りのヘッドハンティングですね。研究者としてではなく大学改革人材を探しているわけですから、一般的な教員の採用とはまるで違うやり方になるわけです。

教員を例に説明しましたが、この職員バージョンが存在するのです。経営幹部や各部署のリーダー、あるいは専門職として、余人をもって代えがたい人を迎える。改革人材のヘッドハンティングで、たまたま肩書きが教員ではなく職員だというケースです。

こうした人材の採用は基本的に口コミです。専門職人材であれば特別な役職名で公募を行うこともありますが、特定のミッションを担う改革人材となれば、公募しようもありません。「本学の○○な状況を打開するため、□□のミッションを達成できる人材を募集します」なんて公募を出せば、学園の危機や今後の事業構想を外部に明かすことになります。信頼できる方に、クローズドな場で相談するしかないのです。

なぜこうした事情を知っているかと言えば、私もしばしば大学関係者からこうした相談をいただくからです。「実は今度、本学では大規模な改革を予定しておりまして……その中心になる幹部クラスの職員を探しているんですが、倉部さんのご存じの方で、どなたか候補になりそうな方はいます？　ご紹介いただけませんか」と。基本的には大学業界でのキャリアが既にあり、特定分野で目立つ成果を上げている方が中心になる話だと思いますが、企業や自治体などで活躍している方が知人経由で迎えられるケースもあります。いずれにしても、その方の仕事ぶりや人格を十分にわかっていなければ紹介などできません。

横のつながりは大切です。他大学の職員と普段から意見交換していたり、勉強会やセミナーを一緒に企画運営していたりといった関係性があると、それを通じて声がかかることもあるかもしれません。私個人の印象ですが、「業界のこうした点は問題だと思う。だから未来の学生のために、こうした施策が今後は求められるのではないか」といった建設的な問題提起を共有している、志を同じくする仲間同士で、困ったときに声を掛け合うケースは多いように思います（ですので同業者が集まる会合で、お酒を飲んで愚痴ってばかりというのは良くなさそうですよ）。

普段からウェブや業界誌などで積極的に発信をされている方も、こうした場合に候補として挙がりやすくなるようにも思います。ただし匿名のSNSは検討対象になりづらいかもしれません。所属先を明かし、本名で発信しているかどうかは極めて大きな違いです。逆に言うと、そうした出会いを望む方はいま運営しているSNSを今日から実名でできるかどうか、ご自身に問うてみると良いかもしれません（もちろん匿名のSNSにも、それはそれで貴重な役割があったり、単純に書いていて楽しかったりといったメリットはあるでしょうから、それ自体を別に否定はしません）。また、たとえ能力が高く、本名で書いていたとしても、愚痴や文句のようにネガティブなことばかりSNSに投稿している方は、やはり敬遠される傾向があるように思います。転職願望がある方はお気をつけください。

「大学人」としてのアイデンティティ

今回、多くの現役職員にインタビューをする中でしばしば聞かれた言葉がありました。それは「大学人《だいがくじん》」です。たとえば、

「大学人の一人として、若者が抱える課題に関するデータは追っています」

「大学人であれば、生涯にわたって学び続ける人であってほしいですね」

「大学人同士としてぜひ意見交換したいです」

……といった文脈で使われます。辞書的な意味は「大学で働く教職員」なのでしょうが、それを超えた、大学業界で働く者の誇りや矜持、所属組織を越えた連帯といったニュアンスが加味されているようです。日本私立大学協会が発行する『教育学術新聞』には〈高等教育の明日　われら大学人〉という連載企画があったのですが、まさにわかりやすい使用例ですね。

○○大学の職員という狭い枠組みを越え、「日本の大学業界を構成する一人、高等教育をより良くするために務めているメンバー」という広い観点で自分たちを捉えようとする言葉

だとでも言えるでしょうか。実際、高等教育に関するさまざまなセミナーや大学行政管理学会など、学外の場で熱心に研鑽されている方に、この言葉を使う方が多かったように思います。

大学人の定義は厳格には決まっておりませんが、教員と職員の両方が含まれます。ただ、すべての教職員が大学人だというわけではありません。自分は大学人だというアイデンティティを持っている方が大学人、といったところでしょうか。

・大学に勤めている人 ≠ 大学人
・大学に就職したい人 ≠ 大学人になりたい人

大学で働く方がみな大学人でなければいけない、というわけではありません。たとえば大学病院に勤める医師や看護師などは、必ずしも大学人になりたい人ではないでしょう。ただインタビューでは、「総合職の事務職員になりたいのなら、大学人マインドは持っていてほしい」「教員は『研究者』が先に立ちやすい。その分、職員の方が『大学人』になりやすいのでは」といったご意見もありました。

職員としての就職を希望されている方は、給与や福利厚生といった待遇面だけでなく、「大学人になりたいかどうか」をご自身に問うてみてください。

コラム4　知られざる「中退」のリアル――指定校入学者の8割という例も！

近年、大学・専門学校進学後の中途退学（中退）が世間の注目を集めています。２０１２年時点でのデータでは、大学進学者の８人に１人が中退していました。仮に高校１クラスから35人が大学へ進学したとして、そのうち４～５人程度が中退した計算になります。さらに別の４～５人程度は留年を経験。実に４分の１が、大学を４年で卒業していませんでした。[7]一般的にイメージされているよりも、今の大学は卒業しにくいのです。

読売新聞は２００８年から19年まで「大学の実力」と題する全国調査を実施していました。国公私立すべての大学に対して調査票を送付。入学から4年後（医・歯・薬学部は6年後）時点での中退率や留年率、正規雇用率などを学部ごとに調べたのです。中退率は一般入試やＡＯ、指定校推薦、附属校推薦など入試種別ごとのデータを掲載するこだわりよう。調査結果は全国紙での掲載（※一部データのみ）に加え、書籍としても刊行されました。

調査結果は、高校教員や高校生、その保護者にとって衝撃的なものでした。入学４（６）年後に卒業している学生の比率を「標準修業年限卒業率」と呼ぶのですが、これが７割を切っている大学が珍しくなかったからです。難関国立大でも留年率が高く、標準年限卒業率が５～６割台という学部は多く存在しています。私大では、入学者の３割以上が中退している学部も散見されます。

入試種別ごとの中退率に至っては、「指定校推薦で入学した学生の８割以上が中退」「一般入試の入学者が１００％中退」といった例もありました。しばしばウェブやＳＮＳ上では「筆記試験で入学した学生は優秀で、ＡＯなどの推薦入学者は授業についていけなくなる」といった言説が見られます。ですがこうした中退率や成績評価の数字（ＧＰＡ）などを見る限り、これは必ずしも事実ではありません。実情は極めて多様です。

中退・留年自体は、必ずしも悪いこととは限りません。ただ、結果的に非正規雇用や無職に追い込まれたり、貸与型奨学金の返済計画が崩れて経済的に破綻したりといった若者の増加を招いています。文部科学省も各大学に対し、中退抑制を求めています。

問題なのは、高校側がこうした実態を知って衝撃を受けているという点にあります。私はしばしば高校教員に対する研修の講師を務めていますが、この事実を知らせると「まさかこれほど高いとは」と一様に驚かれます。せいぜい数％程度だと考えていたそうです。高校生自身も同様で、「大学案内には就職率１００％とあるので、中退する学生は一人もいないと思っていた」といった感想をよく目にします。

なぜこのように歪《いびつ》な状況になっているかと言えば、最大の理由は「大学側が伏せているから」。文科省は教育情報の公表を各大学に求めています。各大学の公式サイト内をくまなく探せば中退率の記載が見つかることもありますが、そこにたどり着ける高校生はほとんどいないでしょう。あえて探しにくい場所に置いたとしか思えないケースが多いのです。

進路指導において、68％の高校は志望大学の中退率を特に調べさせていません。(8) 大学中退者など極めて例外的な存在だと思われているからです。各地の進路指導協議会などで地元の大学の中退状況をご紹介すると、高校教員たちは「早く知りたかった。知っていれば、送り出す生徒たちに対して必要な指導を施すこともできたのに」と声を上げます。たとえば指定校推薦で合格した生徒にデータを示しながら、「薬学部は入ってからの勉強が大変なんだ。だから生物と化学をしっかり復習しておこう」といった指導ができたはずと言うのです。本来なら未然に防げた可能性のある中退も少なくないのです。

大学側がこうしたデータを積極的に公開したがらない理由もわかります。ネガティブに思われるデータですし、数字が一人歩きして「あの大学は進学すべきでない」という風評が立つことを恐れているのでしょう。ですが、こうした広報のあり方を見直していかなければ、いずれ中退者の増加は大学の経営を圧迫します。1年次で中退した学生からは残り3年分の学費を受け取れなくなるのですから。長期的に見れば、地元の高校からの信頼も失っていくことになるでしょう。

中退率などの教学データを扱うのは教務課だが、高校側との窓口は入試広報課、といった部署間の壁も中退問題を見えにくくしてしまっています。裏を返せば、職員同士が協働することで解決の糸口が見えてくる可能性もあるということです。

志願者数を2倍にするのは簡単ではありません。お金や手間を倍にしたからといって、志願者数が同じように増えるとは限りません。それに志願倍率を上げたところで、入学定員は決まっています。ですが中退は、原因を調査し、それぞれに対して適切な施策を打つことで着実に減らしていくことが可能です。経営改善という観点では効果的なアプローチの一つだと私は思います。教職員が部門横断のプロジェクトとして取り組む実践事例としても、得るものが多いトピックです。

18歳人口の減少に関心を寄せる職員は多いと思いますが、中退予防も大学改革のホットトピックです。さまざまな取り組み事例がありますので、気になる方は調べてみてはいかがでしょうか。

〈注〉

（7）山本繁『つまずかない大学選びのルール』（ディスカヴァー・トゥエンティワン、2013年）

（8）特定非営利活動法人NEWVERY『進路指導白書2017――「進学後」を見据えた進路指導を目指して』（Kindle版、2018年）

学生は お客さんである
こんにちはー
おおっ こんにちは
聞いてください… 第一希望の 面接落ちちゃって…
えっ そうなの…? それは つらかったね
話きいていただいて ありがとうございます
もう一回 どんなキャリアに したいか考えます!
えらい! えらい ぞー
お客さんでも ありますが… 仲間って感じです
大学業界も みてみよう かな?
いいねっっ
がんばれ〜っっ

大学マイスター倉部の
四コママンガ解説 ⑤

高校生までと違い、大学生はもう立派な大人でもあり……。見守る対象であると同時に、こちらが教わることも多いです。
良い仕事だなぁと実感できる瞬間の一つですね。

5章 すごい職員はどこがすごいのか？

教員ではなく、職員だからできること

本章では職員としてのやりがいや、活躍する上で重要と思われるポイントについてお伝えしたいと思います。

大学の主役は研究者たる教員と学生たちだ、とこれまでは思われてきました。ですが大学を取り巻く社会状況も変わり、職員が担う役割はますます大きなものになっていきそうです。もちろん、教員と学生が教育研究の中心にいることは間違いありません。では、職員が持つ強みとは何でしょうか。この点については職員の皆さんが、それぞれ意見や想いをお持ちと思います。

私は高大接続という領域で多くの大学と協働していますので、その経験も踏まえて思うところを述べます。

たとえば大学が、学生のために前例のない新たな学びをゼロから企画しようとするとき。最初に動き出すのは教員であることが多いように思います。教員は基本的に、所属する学部や学科・専攻の単位で物事にあたる。毎年入学してくる学生たちの様子を見ながら授業やカ

リキュラムを立案し、必要となれば改善もします。所属する学科の範囲においては、自分たちの裁量で動ける部分も多い。「まずはやってみよう」と考えてから、動き出し具体的な取り組みにするまでのスピードは職員に比べて速いことが多いのではないでしょうか。一般論として、能力的にも立場的にも、0から1を生み出す取り組みは教員のほうが得意なのではと思います。

でも、その0を1にするための下地作りでは、職員が活躍しているケースも多いようです。学生の様子からさまざまな異変に気づく。必要な情報を揃え、日常的に学内で問題提起をする。教員たちの問題意識を汲み、調整をして予算を確保する。外部の協力者を呼んで、教員たちの考えを具体化するためのサポートをする。結果的に、「あの取り組みは職員の○○さんが作ったようなものだよね」と学内で認められるような成果を残す方もいます。熱意ある教員が素晴らしい案を思いついたとしても、職員がそれをバックアップするか、それとも障壁として立ち塞がるかで結果は大きく変わってきます。

生み出された1を10へと広げていく部分でも職員は活躍しています。ある学部でスタートした新しい取り組みが素晴らしい成果を上げたとして、その取り組みを他学部に、さらには全学へと広げていくのは職員の役目。学部や学科ではなく大学全体のメリットを考え、部分最適ではなく全体最適のために動くのは、職員に期待されている役割ではないでしょうか。

さらに職員組織の強みが活かされるのは、生み出された成果を持続的な活動につなげていく部分でありましょう。意欲ある一人の教員が始めた取り組みを仕組み化する。予算を確保し、必要な規定を整え、各部署の業務に落とし込む。イベントの運営マニュアルを作り、広報媒体に載せ、トラブル対応のシミュレーションをする。個人の取り組みを組織の取り組みへと変える。単発的なイベントを、継続される恒例行事にする。仕組み化することと、仕組み化されたものを維持することにおいては、能力的にも立場的にも職員のほうが活躍できるように思います。こうした点において教員と職員の関係性は、ベンチャー企業と行政機関、あるいは政治家と官僚のようでもあります。

「早く行きたければ一人で行け、遠くへ行きたければみんなで行け」というアフリカの諺《ことわざ》があります。教員は「職員に任せず自分たちでやったほうが早く実現できる」と考えることもあると思いますが、遠くまで届く成果にしたかったら、どこかのタイミングで職員の力を借りることをお勧めします。

もちろん、仕組み化する部分まで教員が主導している大学もあれば、0から1を生み出す部分を職員が担っている大学もあるでしょう。過度に一般化するつもりはありませんが、教員に素晴らしい長所があるように、職員にも得意分野はあるとお伝えしたいのです。

ほか、「教員の視野を広げる」というのも実は職員の隠れた、しかし非常に重要な役割です。たとえば教学IRのように先進的な取り組みについて、セミナーや業界誌等で情報収集をし、それを学内の教員たちと共有する。外部の有識者について調べ、教職員研修の講師として呼ぶこともあります。多忙な教員であるほど、なかなか業界の情報収集にまで手を回せないもの。同じ学問領域の競合校については動向を意識することもあるでしょうが、全く違う分野や遠方の大学の取り組みから、ヒントが得られることだってあります。職員が組織的にそうした情報を集めて教員たちに還元することで、結果的に教育がより改善されているというケースは、珍しくないように思います。

フローレンス・ナイチンゲールは、「病気ではなく、病人をみる」という言葉を残しました。これは近代看護の基礎を成す言葉として、現在も多くの看護師たちに受け継がれています。医師はその役割上、どうしても病気そのものの原因や治療法に注意を向けがち。だからこそ看護師は「人」を看ることを大切にせねばならないという教えです。医療の現場では看護師や薬剤師、理学／作業療法士、管理栄養士といった医療職よりも医師のほうが立場的に偉いと見なす空気がまだあるかもしれません。ですが役割としては、それぞれが得意な方法で、重要な役割をお互いに担い合っているだけなのです。

大学の教職員も同じです。大学教員の強みの中核が「学問を扱う専門家」であるのなら、職員は学生や保護者、高校生といったステークホルダーに向き合う専門家や、組織全体の最適化を担う専門家として、教員と協働していけば良いのではと私は思います。職員が担うべき領域で大活躍されている教員も大勢いますが、少なくとも職員は、そうした教員に甘えてばかりではいられないでしょう。

現役職員が明かす「やりがい」

大学職員として、どのようなときにやりがいを感じるか。インタビューでいただいたご意見をご紹介しましょう。

教学部門の例

- 高校での出張説明会で、本学についての説明および進路相談を担当している。大学での学びを高校生に説明するとき、学術研究機関で働いているという実感を持てる。高校生の真剣な相談に対応するのも自分にとってはやりがいを感じる。対応した生徒が本学に進学し、キャンパスを歩いているのを見かけたときは本当に嬉しかった。（地方私大／20代／男性）

・窓口で学生から相談を受けたときは、自分なりに親身に対応しようと努めている。その結果、学生から感謝の言葉をもらえたり、キャンパスで顔を合わせる度にあいさつしてくれるようになったりしたときにやりがいを感じる。（地方公立大／入試広報／20代／女性）

・この仕事は○○さんにぜひお願いしたい、と教員や同僚の職員から指名されたとき。誰でも良い「事務方」の一人ではなく、自分だからこその働きを評価していただけたと感じられる。（首都圏私大／教務／30代／男性）

・各学科の教員が実現したいと思っている企画に対し、使えそうな予算や規定の説明に伺ったら非常に喜んでもらえた。それ以降、先生方との距離も縮まり、日々の仕事に充実感を感じるようになった。（近畿圏私大／学部事務室／30代／男性）

・キャリア相談に乗っていた学生から内定の知らせを聞くときは、毎回自分のことのように嬉しい。卒業してからキャンパスに顔を出して「○○さんに会いに来ました」と言ってくれる学生もいる。（地方私大／キャリア支援／30代／男性）

・卒業生が社会で活躍している様子をさまざまなメディアなどで知ると、自分たちがやっている仕事を誇りに思える。

（地方国立大／キャリア支援／40代／男性）

・高大接続の取り組みとして、高校生に本学の普段の授業を聴講してもらうプログラムを担当している。冒頭と終わりに行う高校生向けのガイダンスでは、研修を受けた職員たちがファシリテーターを務めている。実際に地元の高校生が授業を通じて刺激を受けている様子や、「参加して良かった」といった感想を目にすると、社会に対して貢献しているという実感を得られる。

（地方私大／入試広報／40代／女性）

法人部門の例

・学内行事の運営が滞りなく終了したとき。さまざまなトラブルも起きるが、同僚たちとそれらを乗り越えて無事に行事を終えられたときは、チームとしての一体感とともに、やりがいを感じる。

（地方国立大／企画部／30代／男性）

・各種の広報誌や公式ウェブサイトなどの制作物作り。完成したものがキャンパスに置かれたときに、大学を構成するものの一部を手がけたと自信を持てる。

（近畿圏私大／広報部／30代／女性）

・キャンパスの施設を外部に貸し出す担当をしている。本学は規模も大きく、しばしば学会の会場として使用される。自分が関わっているのは手続き等の一部分だけだが、数多くの方が全国から集まるアカデミックなイベントが自分の職場で行われていると思うと光栄だし、些細なことでもおろそかにはできないと思う。

（地方国立大／総務／30代／女性）

・採用活動に関わっている。大変なことも多いけれど、本学園にとって重要であることはもちろん、一人ひとりの志望者にとっても人生がかかる大切な取り組み。新しい仲間を迎えたときは感慨深い。入職後も「最近、あの方はどうかな」と、良い意味でずっと様子が気になってしまう。これもまた、広い意味では教育的な取り組みなのかと思う。

（地方私大／40代／男性）

・附属校を含めた法人全体の戦略に関わる業務に就いている。理事長などと意見を交わす機会も多く、日々学ばなければならないことは多い。緊張感もあるが、学園全体の未来を担っているというやりがいは大きい。

（首都圏私大／企画部、理事／50代／男性）

ここに挙げたのは一部の例に過ぎませんが、「学生や教員から感謝されたときにやりがいを感じる」というコメントが多かったように思います。ただ、これらの例でもわかるように、やりがいを感じるポイントは本当に人それぞれ。困難な課題を解決した、大きな成果を上げる取り組みを成し遂げたなど、課題解決にやりがいを覚える方もいます。挑戦を通じて自分自身が成長できた、という実感を大切にされる方もいます。

人材育成を通じて社会に貢献できている、ということにやりがいを覚えるというコメントも比較的多いでしょうか。大学らしいポイントだと思います。

組織を動かせる職員、動かせない職員

大学という組織は、多くの人や機関・部品が連動して動く巨大客船のようなもの。そう簡単には沈みませんし、比較的快適な航海が期待できます。一方で、一人の船員にできることは限られています。誰かが危険を察知しても、それを船全体で共有するには時間がかかりますし、小回りはききませんから、気づいたら氷山を避けきれなくなっていることもあります。たとえ良いアイディアでも、実現するまでに時間がかかったり、良いことをやっても、なかなか評価されなかったり。大学を動かすのはなかなか大変です。

しかしそんな組織を、上手に動かす職員もいます。私が実際に触れた例をご紹介しましょう。

ＮＰＯ法人LEGIKA（旧称NEWVERY）という団体が、「ウィークデー・キャンパス・ビジット」（以下ＷＣＶ）というプログラムを、全国の大学と一緒に行っています。これは「高校生が大学生と一緒に、大学の普段の授業を受講する」というもの。高校は休みだけど大学は授業日という祝日などに、よく実施されています。高校側が平日に設定する進路学習の日などに合わせ、要望を受けた大学が実施するケースもあります。

LEGIKAはもともと若者支援を目的にスタートしたＮＰＯでした。大学中退を契機にニートやフリーターになる方が多いことから、中退予防のための取り組みとしてＷＣＶを始めたのです。参加者の満足度が高く、進路選択の参考にもなるということで大学側からも好評を博し、これまで全国90以上の大学で実施されてきました。コロナ禍で一時中断していましたが、２０２２年から少しずつ再開されているようです。

私は立ち上げの13年度当初からこのプログラムのディレクターを務めていました。各大学に対して「ＷＣＶを実施してみませんか？」というご提案もしましたし、当日のプログラム運営にも関わってきました。これまで２００校以上の大学に対してプレゼンしたと思います。

このやり取りの中で、すごい職員の方にしばしば出会いました。

企画していた自分が言うのもなんですが、「普段の授業を高校生に公開する」というのは、職員にとってかなりハードルが高い取り組みです。まず、管轄する部署がわかりません。高校生に対するプログラムなので、入試広報部やアドミッションセンターがプログラムの運営主体になるケースが実際には一番多い。でも「普段の授業」は、これらの部署が普段扱っているコンテンツではありませんよね。強いて言えば接点を持っているのは教務部門なのですが、教務の職員だって、授業そのものの運営に関わることは稀です。「授業の中に外部の方を参加させてください」なんて提案を教員にした経験は、まずないはずです。「学生募集のため、先生方の授業に高校生が参加することになりました」なんて教員に対して事後報告をしたら、そんな重要なことをなぜ勝手に決めたのかと、普通なら怒られます。

職員同士の「部門間の壁」、そして「教員との壁」。少なくともこの二つを越えねばWCVはできません。きわめてハードルが高いのです。

裏を返すと、大学の入試広報活動のほとんどは「職員だけで実施を検討できる」「入試広報部だけで完結し、他の部署を巻き込まない」「外部業者に外注できる」といった特徴を持っているわけです（全学挙げて取り組まねばならないオープンキャンパス等では、講師役や運営サポートとして教職員が協力することはあります）。

こんなWCVを入試広報課の課長さんに提案すると、まず、ほとんどの方はプログラムの趣旨や社会的意義に賛同してくれます。しかしそこからの対応は、大きく二つのタイプに分かれました。

一つめは、やらない理由を考えるタイプです。「お金がない」「人手がなくて忙しい」といった言葉が最初に出ます。「○○大学はやってるの？」と、競合大学の動向をまず確認される方も少なくありません。「教員がウンと言わないよ」「上のリーダーシップがないからなあ」「授業は教務課の管轄だから」と、他部署を引き合いに出す方もいます。中には、「ウチの授業を見せたら志願者が減る」と言った方もいました。

私は当初、こうした反応に出合う度、「そうだよなぁ、仕方ないよなぁ」と、その課長さんに共感していました。私もかつて職員でしたので、この企画を導入する難しさも容易に想像できたのです。

しかし途中でその考えを改めました。次にご紹介する、二つめのタイプ。「導入する方法を考える」課長さんたちに出会ったからです。

このタイプの課長さんは、リソース不足を理由にしません。「3年計画で段階的にゴールを設定しましょう。期待する成果が出れば続けますし、そうなれば他の取り組みを止めてこちらにリソースを充てても良いですね」などと言います。「当日の運営を学生スタッフに任せれば、彼等の教育にもなるし、入試広報としても省力化できますね。教職課程の学生なんてピッタリではないですか？」という話に発展することもあります。

競合校の動向は聞かれますが、「他がどこもやっていないならチャンスですね。この地域で最初の事例として、メディアに取材に来てもらいましょう」と考えるのです。やらない理由を考える課長さんとは、ことごとく発想が真逆でした。

教員がウンと言わないから難しい……と言う代わりに、「まずは現状に対して危機感の強い〇〇学部から、先生方に提案してみましょう」「最終的には全学を巻き込みたいので、高大接続に関する学内講演会を企画しましょう。そこでWCVについても触れていただけませんか？」と、教員の協力を得るための解決策を提案されたりします。

普段の授業を見せることで志願者獲得に悪い影響を与える可能性があるのでは……と不安になるのではなく、「本学の先生方は熱心にFD活動（Faculty Development：教育改善の取り組み）をされていますので、その成果が学生募集につながるのなら喜ばれると思います。ここだけの話、先生方にとっても刺激になって、FDがさらに活性化されるのではないでしょうか」と発想するのです。

この2タイプの課長さん、いったい何が違うのでしょうか。

「やらない理由を考える」タイプの課長さんはおそらく、自分で施策を検討し、実行するための行動指針を持っていません。判断は常に「他がやっているかどうか」「上の誰かがやれと言っているか」で決まります。そして部署の壁を越える提案に不慣れです。他部署や教員に何か新しい取り組みを提案することを過度に敬遠します。目指すゴールを自分で設定していないからです。そして全体最適化を担う意識に乏しい。一つの取り組みを、学内の他の取り組みにとってもプラスにするような発想や意識がありません。本来なら、管理職とはそうした行動を期待される立場であるはずです。

後者の「導入する方法を考える」課長さんは、自分たちで目指すゴールを設定します。自分たちが解決すべき課題は何だろう、現状と理想はどう乖離《かいり》しているのだろうと、普段から考えているからその設定ができるのでしょう。そしてゴールから逆算して手段を講じます。だから建設的な思考プロセスになりますし、「きっと難しいだろうなぁ」などとモヤモヤ悩む代わりに、やるべきことを具体的に考えます。所属や立場に関わりなく、全体最適化を意識して動きます。

「大学アドミニストレーター」について3章でご紹介しましたが、そう呼べるのは後者の課長さんでしょう。前者の「やらない理由を考える」課長さんは、残念ですが、上の指示をミスなく実行せよとだけ教わってきたのかもしれません。この課長さんの部下もきっと、いずれ同じような管理職になってしまうのだと思います。

「導入する方法を考える」タイプの課長さんも、実はさまざまな大学にいます。こうした課長さんが全国にいるとわかってからは、私も「大学組織の大変さは存じておりますが、やれる理由を考えましょう」と、さまざまな大学で提案するようになりました。もちろん、こうした検討を経て、結果的にＷＣＶは本学には不要だという判断をいただくこともありましたが、それはそれでお互いに良いことだと思います。

付言すると、提案する側にとって緊張感があるのは、導入する方法を考えるタイプの課長さんです。主体的にゴールを設定している分、相手に対する要求も明確ですし、効果が出ないと考える取り組みならやりません。一方、やらない理由を考える課長さんは一見するとお金の管理に厳しいように見えますが、「他大学もやっています」「やっていないのはこの大学だけです」といった言葉に弱い一面も。大学に企画を提案される企業の営業担当者はこうした点を理解し、効果的に「狙って」いくそうですよ。

ＷＣＶを展開する過程で、さらにすごい例にも出会いました。福岡市にある九州産業大学では、教務部の職員たちがＷＣＶを導入しました。教務部として中退予防のプロジェクトに取り組んでおり、さまざまな施策の一つとして授業公開を実施したのです。彼らは学内で有志の若手職員を組織し、プロジェクトとしてＷＣＶを運営。地域の高校のニーズに合わせ、高校1年次の文理選択のタイミングで文理それぞれの授業を体験してくださいと自分たちで高校へ提案。今では年間２０００人以上の参加者を集める事業に育てました。中退抑制に効果があることを自ら検証し、ついには「ＷＣＶを受講しないと出願できない」という、他に例のない入試制度を実現するまでに至りました。ＮＰＯが当初考えていた構想の範囲を大きく飛び越える企画力と実行力です。エビデンスを示しながら学内で賛同者を増やし、学外の協力者も上手に巻き込む。所属や役職にとらわれずに大学を変えていく職員とはこういうものかと気づかされました。

すごい例をもう一つ。さきほど「ＷＣＶの導入には必ず、教員側での検討が必要」と述べましたが、実は私がＷＣＶを提案した２００以上の大学の中で、たった2校、その場で広報課長さんが授業の公開を即決した例があります。プレゼンの場ですぐ、「私の権限で実施を決めます」とおっしゃったので、むしろ私のほうが戸惑いました。「普段の授業に高校生を招き入れるのですよ。先生方のご判断をいただかなくて大丈夫なのですか？」と申し上げたところ、この二人はまったく同じことを言いました。

「本学に見せられない授業など一つもありませんし、高校生に見せられない学生もいません。本学の教員たちであればきっと、私と同じように考えるはずです」

痺《しび》れる回答でした。こんなことを言える職員さんも大学も、素敵です。

おそらくですが、このお二人はWCVという提案を聞く前から、「本学の教育力を高校生に伝えるためには何をすべきか」といつも考えていたのだと思います。またその実践として、外部の方に授業を見てもらう事例を既に作っていたのではないでしょうか。教員や学生たちとはその点についての共通理解を得られていた。そこにたまたま外部からプログラムの提案があり、これは自分たちの狙いに合うぞと思えたから即決できたのではと思います。WCVがすごいから即決されたのではなく、このお二人がすごい職員なのでした。

他の業務領域でも似たような例はごまんとあるでしょう。

考えてみてください。ここ数年、大学改革はさまざまな領域で進んでいます。高大接続もそうですが、教学IRや情報公開、中退予防にエンロールメント・マネジメント、地域連携や産学連携、大学間連携なんてのもホットトピックですね。これらの中で、他の部署と連携せずに成果を上げられる改革なんて、実はほとんどないはずです。偶然にもWCVは、大学改革ができる組織・職員であるかを問う試金石の一つとして機能していたようです。

立場は一人の船員に過ぎずとも、巨大客船を動かすことはできるのかもしれません。ここでご紹介した職員の方々を、ぜひ参考にしていただければと思います。

社会のために働くということ

大学は非営利組織であり、公益に資する存在であることが期待されています。一方で独立した経営体ですので、経営を維持するという観点から自分たちにとって都合の悪い事実を隠したり、社会にとって有益でも面倒なことは実行しなかったりといった行動を取ることも、ときにはあるでしょう。

コラム４でも述べましたが、私が関わる高大接続の領域でも、志願者数を最大化するために学生の中退率をできるだけ高校側へ伝えないようにする例は見られます。経済学部や心理学科ではある程度の数学力も必要ですが、高校生向けの模擬授業ではしばしばその点が意図的に伏せられます。大学が公開する就職率は、高校生やその保護者がイメージするものとは違う定義で算出されています。少子化が進む厳しい時代にあって、こうした広報上の工夫は志願者数を確保するために致し方ない、許容範囲内の演出だと見なされてきました。

こうした業界の空気の中にあって、教育者としての姿勢を貫こうとする職員もいます。たとえばオープンキャンパスの相談ブースで、高校生に対して「本学一校だけを見て進路を決めてはいけない。きちんと他大も見て、自分が納得できる進学先を比較検討しなければ後悔するかもしれないよ」とアドバイスをする職員がいます。「あなたが学びたいことには、本学ではなく他大学のほうが向いているかもしれません」と伝える職員もいます。高校や社会に対して詳細な中退率を包み隠さず公開し、その数字の理由や背景を真摯に説明する職員もいます。たった一人の受験生の気づきを広げるために、何十分も相談に乗る職員もいます。そうした対応ができるよう、自主的に学び続けている職員もいるのです。

こうした行動もまた、長期的に見れば間違いなく、自校の信頼度向上や持続可能な学生獲得といった経営上のメリットにつながるものです。とはいえ、目の前の志願者を逃す可能性もあり、実行に移すのには勇気がいる行為でしょう。ライバル校が見栄えの良い派手な広報活動を展開しているような状況なら、なおさらです。

多くの場合、こうした職員の方々を突き動かしているのは、世の中をより良い姿にしていこうとする強い意志です。個人的に話を伺ってみると、経営メリットのような損得勘定よりも、「社会にとって望ましい仕事をしたい」という理由で行動している方が多いように感じます。というよりも、社会のために働きたいから、若者の成長に貢献したいから、大学という職場を選んだ方々だというのが正確なのかもしれません。

高大接続の領域だけに限りません。上司が命じる以上のことを企画しようとする職員は全国津々浦々の大学、あらゆる部署にいます。前例のない学生対応を始めた職員、自分の留学経験を活かして全力で留学生をサポートしようとする職員、保護者からの電話に真摯に回答する職員、学生や教職員の活躍ぶりを学内で細かく共有する職員……。本来ならば自分の職務ではないことかもしれないけれど、こうしたほうが学生は助かるはず、社会の役に立てるはずだと信じて動く。それが誰も気づかないくらいささやかな取り組みであったとしても、あるいは上司が評価しないものであったとしても、やってしまう職員がいます。

3章で、規定主義や複雑なガバナンスといった大学組織の特徴について述べました。さまざまな挑戦を阻む要因が、各所に隠れています。ですが個々の職員によるこうした行動の積み重ねは、大学を着実により良い方向へ前進させているはずです。

「辞めたい」と悩む人へのメッセージ

本書の最後に、いま仕事やキャリアについて悩んでいる現役職員の方にお伝えしたいと思います。実際、SNSでも「辞めたい」といった声は見かけますし、今回のインタビューでも「今の職場を辞めたいと思っている」という方はおられました。

①職員としての仕事にはやりがいを持っているので、他大学へ転職したい
②事務職員ではなく専門職として大学で働きたいので、専門職ポストに移りたい
③職員ではなく、教員に転身したい
④民間の教育産業やNPOなどに転職し、引き続き教育の支援に関わっていきたい
⑤教育分野にこだわらず、他の仕事に就きたい

……等、その想いはさまざま。いずれにせよ、「今のままでは、自分が望む働き方はできない」と考えている点は共通です。

①であれば、現在の所属先である法人に対して不安や不満を覚えているということでしょう。職場環境に対するミスマッチですので、他大学に移ることでそれらが解消される可能性は確かにあります。②や③は大学の中で現在とは異なる役割を担いたい、つまり職務内容へのミスマッチですね。必要な知識やスキル、実務経験などを既にお持ちということならば、該当する求人情報にどんどんトライして良いと思います。まだ準備が不十分であるなら大学院などで学ぶ、あるいは現在の職場で実務経験を積み上げられるよう、積極的に立ちまわるなどの行動を起こすことになるでしょう。

④は、大学組織というものに対するミスマッチと言えます。本書で述べてきたような大学組織の特徴、大学としての教育への関わり方が自分に合わないと感じたのでしたら、企業やＮＰＯ、行政機関などに移り、引き続き教育に関わっていくのも大いにアリと思います。高等教育に関わる仕事は、大学でしかできないということはありません。

そして⑤。これはこれで大切な選択肢です。たとえば経理や情報システム、広報といった職務はあらゆる業種に存在します。特定の専門職務に強い方なら、そうした職務ベースで別の業界へ移動するケースもあるでしょう。人材業界などはキャリアセンターの職務と共通する部分も多いですね。入試広報課のお仕事を通じて自分は営業に向いていると気づいた、なんて理由で、まったく違う業種の営業職に転職されるような方もいます。もしかすると、「大学職員はワークライフバランスが良いと思っていたが、自分が想像していた姿とは違っていた。だから地方公務員を目指す」なんて方もいるかもしれません。

どのパターンも現在は珍しくありません。いずれを選んでも、あなたの人生。胸を張って先に進めば良いと思います。

ただ、不満や不安がまだ漠然としている方も多いかもしれません。いま挙げた例のようにきっぱりと決断できるほど踏ん切りがついていない、なんて方もいるでしょう。よほどの差し迫った事情がないのなら、「もう少し様子を見ながら引き続き考えてみる」という選択でも良いと思います。家庭の事情だってそれぞれおありでしょう。

かつては、「数年間は我慢しろ。いつかあなたが偉くなったなら、思ったような仕事ができるようになるから」と助言するベテラン職員もいたでしょう。ただ私は、このアドバイスはあまりお勧めしません。本書で述べた通り、今後は、皆様全員にそうしたポストが保証されるとは限らないからです。

様子を見るのは良いのですが、個人的には同じ日々を過ごすのではなく、「自分が望む方向に向かって、ちょっとだけ違うアクションを取ってみる」ことをお勧めします。ロールモデルになる職場の先輩がもしいるなら、助言を求めるのも良いでしょう。現在ならSNSで意欲の高い職員の方々の意見に触れることも簡単にできます。その上で毎日1件だけでも、匿名で良いのでご自身の考えを投稿してみる、なんて行動も良いと思います。

個人的に最もお勧めなのは、学内外の勉強会に参加してみることです。大学行政管理学会は年に1回、研究集会を開催しています。各大学の熱心な職員たちに出会えますし、懇親会などがあればつながりも得られます。開催地は年によって違うので、無理なく行けそうなタイミングだけでも良いでしょう。ほかにも職員による有志の勉強会はさまざまな地域、さまざまなタイミングで開催されていますし、オンラインで行われているものもあります。教育関係者向けのメーリングリスト等で告知がされていますので、それらへの登録もお勧めします。

ストロングタイズ（strong ties）とウィークタイズ（weak ties）、という言葉をご存じでしょうか。社会学者のマーク・グラノヴェッターが提案した分類で、ストロングタイズは「強い絆」、ウィークタイズは「弱い、穏やかなつながり」を意味します。

ストロングタイズは、強い結束によってつながった信頼関係です。長い付き合いの親友や家族、あるいは職場の同僚など、毎日顔をつき合わせるほど密接な関係を指します。日々の安心感を与えてくれる大切な存在ですね。一方で、たとえば「仕事を辞めようか悩んでいるんだけど」なんて深刻な相談は逆にしづらいことも。同僚だからこそ言えないこともありますよね。それに距離が近い相手は、持っている知識や価値観も似通っているもの。「ウチの大学のやり方って、非常識なんじゃないかな？」なんて相談を同僚にしても、その同僚だって同じ職場の組織文化に染まっているのですから、それを崩すような助言は期待できません。

対してウィークタイズは、「たまに顔を合わせる程度の関係」です。異業種交流会でたまたま隣に座って意気投合した人だったり、同じ研修を受けたことで知り合いになった同年代の他大学職員だったり。勉強会などで適度に顔を合わせるのだけど直接の利害関係はないような相手をイメージしていただければと思います。

グラノヴェッターによれば、ストロングタイズのように強い関わりを持つ相手よりも、ウィークタイズのように稀にしか会わないような関係性の人のほうが、いざというときに有益な情報をくれることが多いと言うのです。持っているバックグラウンドが違うという理由もありますし、距離がそこまで近くないので、客観的に冷静な意見を言えるという事情もあるのでしょう。

私もキャリアの節目で手を差し伸べてくれたのは、そういえばウィークタイズと言える関係性の方々ばかりでした。大学業界の知人たちを見ても、「前職の大学で悩んでいたときに、ウチで中途採用を募集しているよと教えてくれたのは、メールで意見交換をよくしている他大学の知人だった」なんて方がちらほらいます。

週末まで職場の同僚と一緒という生活も悪いとは言いませんが、ストロングタイズしかない状態は、いざというときにリスキーかもしれません。キャリアに悩んだときに意見を求められるようなウィークタイズの関係性を豊かにするような行動を、ぜひお勧めしたいです。仮に「大学なら〇〇のように考えるのが常識だ」といった意見を自分の職場で耳にしても、「いや、ウチではそんなことないよ」という意見を他大学の知人から聞けるという環境は、精神的にもかなり助けられるはずです。

高等教育に関わることにやりがいを感じていても、どうしても職員を取り巻く環境になじめないという方は、「民間の教育産業やＮＰＯなどに転職し、引き続き教育の支援に関わっていく」という選択肢も頭の片隅に入れてみてはいかがでしょう。私は結果的にこのキャリアパスに進んだことになるのですが、職員だった頃よりも明らかに現在のほうが、高等教育に貢献できているように思います。職員だけが大学を支えられるわけでもありません。悩んだときには、自分に向いている関わり方を選ぶのもアリです。

でも、大学職員は非常に重要な仕事です。それは間違いありません。数年、ときには数十年というスパンで議論を進め、改善を積み重ねて教育や研究の現場を良くしていく職員たちのおかげで、日本の高等教育はここまで発展してきました。外部の人間には絶対に実現できない仕事は数多くあります。

現在は大学の外にも、高等教育を支えようとしているステークホルダーがたくさんいます。私もその一人です。行き詰まったときにはぜひ、そんな外部の方の知恵や力も活用してみてください。あなたが自分らしい方法で、高等教育に関わっていけることを願っています。

大学職員の仕事は…
うおおおお
あれっ?
ヒソヒソ
モーレツに頑張りたい人はやりづらいかもですが
みんなで手を取り、確認しながら丁寧に前に進むイメージです
レジュメ作成OKだよー
ありがとです 資料発送やりました!
先生にメール送付済んでます!
GO! GO!
ありがとう!
ミスがなくなるようにチェックをする 確認し合う その大切さを教え込まれました
脱字見つけた!
あっ ごめん
いいよー 直しとく
大学では学生たちが日々学び、成長してます
ホロリ
いつか卒業するその日まで一番の特等席で見守ることができるお仕事だと思います

大学マイスター倉部の
四コママンガ解説 ⑥

学生一人の学びに、実は数十人から数百人の職員が関わっています。
どれ一つ欠かすことのできない大切な仕事の数々を、多くの方に知っていただきたいです。

参考資料
大学職員のお仕事カタログ

巻末資料として、大学の主要な部署をご紹介します。法人ごとに実態や名称は異なりますので、「こんな仕事もあるのだ」という概要をイメージする参考材料としてご覧ください。なお説明内容や分類は著者の見解に基づいているため、「本学ではこうじゃない」といったご意見もあろうかと思いますし、紙幅の都合から極めて簡素ではありますが、ご容赦いただければ幸いです。

教学部門の例

●教務

授業管理、教室管理、学籍管理、成績管理など、大学教育の実施・支援に関わる業務を担う部署。履修登録から各種の証明書発行など、学生は必ず関わる窓口。卒業生に卒業証明書などを発行するのもここ。休退学の手続きも担当している。教室へ「本日休講」と告げに来るのもここの職員。大学によっては、授業で課されたレポートの提出先として教務課が指定されるケースも。

学生側から見えている窓口手続きは仕事の一部に過ぎず、時間割作成やシラバスの準備、学生の履修状況等の調査、教職課程のように特殊な学修プログラムの準備など、さまざまな業務が行われている。

時間割や教室を調整する関係から、教員との接点が多い部署でもあり、「大学らしい」業務が多いと言える。非常勤講師のサポートも教務部門の役割。教員や学生およびそのご家庭とのコミュニケーションで気苦労を抱える場面もあるかもしれない。

●学生支援

学生の課外活動を支援したり、下宿のあっせんや奨学金を取り扱ったりと、学生の生活支援を担当する部署。サークルや体育会などで学生と関わる場面は多い。事件・事故に遭った学生へのサポートなどもこちら。さまざまな学生相談の窓口となり、必要に応じてカウンセラーにつなぐなどの役割も。

親身になって学生の相談に乗る姿勢と、「ちゃんとルールを守ろう」と教育的な指導を行う姿勢の両方が必要。学生が主体になって行われるイベントでは、干渉しすぎず必要な助言を行うといった人間力が問われる。学生の生活調査なども行う。

●学生相談（カウンセリング）

より専門的なメンタルの相談に乗る部署。事務職員というよりは医療系、心理系の専門資格を持ったスタッフの領域。昨今では発達障害のある学生も増えており、大学が力を入れている部署でもある。

●キャリアセンター（就職支援）

かつての「就職課」が行っていた求人紹介や進路相談などの就職支援業務に加え、現在は早期から学生のキャリア教育に関わっている。学内でさまざまなイベントの企画を実施。インターンシップの派遣調整なども行う。

民間企業の社員など、学外のさまざまな方と接する機会が多いため、一般企業のビジネス常識が必要。他の部署と職員たちの雰囲気がまるで違うことも。企業から転職した職員も比較的多いようだ。

ただし学生へのキャリア相談業務は、キャリアコンサルタント資格などを持った嘱託職員が担っているケースもあるため、そこに携わりたい方は事前に確認しておこう。

なお就職実績は多くの受験生や保護者、高校教員が気にする情報であるため、職員にも数字を追う姿勢が求められる。

●図書館、メディアセンター

大学図書館を拠点に、購入図書等の選定や発注、管理、貸出といった業務を行う。学術研究に必要不可欠な論文データベースや電子ジャーナル、機関リポジトリ（論文など、研究者の知的生産物を保存、公開する情報アーカイブ）などを扱う部署でもある。学術研究機関たる大学にとって重要な部門……であるはずだが、近年では専任職員の司書を置かず、外部委託で司書や窓口対応スタッフを揃える大学も増えている。一方で図書館情報学などの専門的な知識を持つ職員は、初年次教育の一環で講義に呼ばれるような事例も。

アクティブラーニングの広がりにともない、「ラーニングコモンズ」と呼ばれるグループ学習対応のスペースをキャンパス内に設ける大学が増えている。昨今では図書館、メディアセンターがその拠点を兼ねて設計される事例も多い。

●入試広報、アドミッションセンター

入学者の獲得・受け入れを担う部門。入試の実施・運営を担当するほか、大学案内や高校生向けウェブページの制作、オープンキャンパスの企画運営、高校訪問の実施、そして各種の入学手続きまで、高校生をはじめとする入学希望者、高校に対するあらゆる業務を担当している。入試の種類が多様化、複雑化している上、全国で一斉に実施される「大学入学共通テスト」の運営も担当せねばならず、年間を通じて忙しい。入試トラブルへの対応（カンニング、悪天候）など、気苦労が多い場面も。入試問題の作成や受験生を評価する面接官役などの業務は教員が担当し、職員は入試業務の運営に従事するというケースが一般的だが、本文でも紹介したアドミッション専門職が活躍する大学も増えつつある。

18歳人口の減少が進む中、大学経営においては最重要と見なされる部署であり、数字で評価されやすい部署でもある。志願者数が減少し、入学難易度が下がったりすると、「広報が悪いせいだ」と責任を押しつけられがち。受験生や高校との窓口でもあるため、経営感覚のある大学はだいたいキャンパス入口付近、最も外からのアクセスの良い場所にこの部署を置いている。

●国際教育、国際交流

海外との学術交流や、留学生交流の推進を担当する部署。さまざまな留学プログラムの管理運営や、教職員の海外派遣、外国人研究者の受け入れなども担っている。キャンパス内でのグローバル教育に関わる機会も。多くの大学が留学やグローバル教育を掲げている昨今では、注目される部署の一つ。職員にも高い語学スキルが求められる。

●地域連携

大学の役割はしばしば「教育、研究、地域貢献」だとされるが、その地域貢献の窓口となる部署。地域社会の方々を対象にした公開講座を企画したり、自治体や企業との連携事業を調整したりと活動内容は多様。フィールドワークなど、地域での実習に力を入れている大学ではその企画・調整を担うケースも。

地域貢献の言葉が示す内容や範囲は大学により千差万別で、職員が担う役割も同様。特に国公立大には地域から大きな期待が寄せられがちだが、大学側の力の入れ具合はまちまち。

●研究支援

教務が「教育者としての教員」をサポートする部署だとしたら、こちらは「研究者としての教員」をサポートする部署。研究資金獲得をサポートしたり、研究成果の公開を行ったりと、アカデミックな領域。ここに専門性の高い職員がいれば、教員の負担を減らせるはず。2章で触れたＵＲＡは、この領域で活躍するスペシャリスト。

昨今では産学連携を推進する大学は多い。共同研究や受託研究、研究成果を元にした特許出願、大学発ベンチャーの創出まで、大学が本腰を入れれば伸びる可能性が高い分野。研究重視型の国立大などは、特にこの領域に力を入れている。

●教学ＩＲ

2章でも紹介した、学生のさまざまなデータを収集、分析し、教育活動の施策に活かす取り組み。教学ＩＲの名を掲げる部署やチームを学内に設ける大学は増えている。だが取り組みの深さや本気度には大きな差が。データの扱いに長けた職員がマネジメントの観点で取り組んでいる大学もあるが、数学分野に強い教員の個人的な取り組みに頼っているケースも。本気の大学では「退学する学生を入学前に見抜ける」レベル。教学ＩＲに特化した部署を設けず、教務や学生、キャリアセンターなどの各部署で教学ＩＲ的な分析を行う方針の大学もある。

●**学長室**

学長直轄の企画戦略部門。こうした部署を設けない大学もある。既存部署の括りにとらわれず、学長の施策を柔軟に企画実施するといった役割が期待される。良い方向に機能するかどうかは学長と、他部署の協力次第。

法人部門の例

●**広報（大学広報）**

一般的に大学では、学生募集のための広報活動を「入試広報」、大学や学校法人のＰＲ活動を「大学広報（または単に「広報」）」と区別する。アドミッションセンターは入試広報、法人の広報部は大学広報と役割分担するケースもあれば、広報部内に入試広報チームと大学広報チームを抱えるケースもある。

広報の役割は大学のイメージアップ。近畿大学の養殖マグロを前面に出した広告や、派手な入学式の演出などが話題になったが、これは広報の仕事。近年ではInstagramなどSNSの運用も注目されている。学長の入学式式辞がバズるなど、思わぬ注目を集めることも。本文で触れたNHKドラマ『今ここにある危機とぼくの好感度について』は大学の広報スタッフを題材にして話題を集めたが、あの主人公とほぼ同じ境遇の実例が某大学に実在する。学生や教職員、経営陣などによる不祥事への対応も広報部の役割。世間の皆様がご存じの通り、失敗事例として話題を集めてしまったケースも。その意味では年々、責任が増している業務と言えるだろう。

●企画

経営戦略や大学の将来構想、中期計画、学部・学科等の新設や再編といった企画業務を担当。各種データの収集や分析、外部への情報公開、外部機関によるさまざまな評価事業への対応などもここで担当するケースが多い。大学の規則の制定や改正なども企画部門のお仕事。業務上、理事長や理事会、学長など経営幹部との接点は多め。

●総務・人事

教職員の採用から退職までをサポートする部署で、企業のそれと業務内容は基本的に同じ。教職員のＳＤ（Staff Development）研修が文科省によって義務化されたが、そうした教職員の人材開発もこの部門が担当しているケースは多く、業務は多様化の傾向に。教職員による労働争議を抱える法人もあり、いろいろと気苦労は絶えない。人事異動に関して不満を抱く教職員はどこでも多い。

総務課が、卒業生たちによる同窓会組織との窓口を担当していることも多い。卒業生向けのイベントや広報誌作成なども、重要な役割の一つ。

●財務・会計

組織運営に必要な財務上の計画や管理を担当する部署。組織全体の予算編成から、教育研究に必要な物品の調達・管理まで、お金に関する広汎な業務に関わる。学校法人会計基準は全大学職員の必須知識だが、この部門の職員は特にしっかり理解しておくことが大事。

一流大学でも財務に問題がある事例はあり、専門知識が必要だという認識が広まってきた。専門知識が活かされる領域でもあるため、銀行などからの転職者が配置される例も。

●管財・施設

日々の施設・設備管理からキャンパスの大規模開発まで、さまざまなレベルの業務を担当。学術研究機関という性質上、高度専門的な実験・実習施設や、高いセキュリティを必要とする部門をキャンパス内に持つ例も珍しくないため、担う責任は大きい。専門知識を持つスタッフが、事実上の専門職として配置されているケースも。昨今では環境への配慮を掲げるキャンパスも増えており、新しい技術の動向を知っておくことなども大切。

●情報システム

キャンパス内のICT環境を整備したり、学生・教職員用の各種システムを企画開発したりと、現代の大学においては非常に重要な部署。当然、相応の専門性が求められる。教務課の履修登録システム、図書館のデータベース、キャリアセンターの求人情報データベースなど、各部署が抱える情報システムを総合的に把握し、必要に応じてサポートすることも大切な役割。

コロナ禍を受け、全国の大学が急ピッチで授業や学内会議のオンライン化を進めた。情報システム部門の担当者たちは、各業務の担当部署と一緒にさまざまな作業に追われたはず。

少し特殊な例

●医療支援

大学病院を持つ法人の場合、職員が病院の事務部門に配属されることもある。外来患者の受け入れや入院患者の入退院手続きをはじめ、病院で行われる事務業務全般を担当。大学病院は教育、研究の場であるほか、高度先端医療を担う拠点でもあり、他院から患者さんを紹介されることも多い。

●附属校、附属校支援

法人によっては幼稚園から小学校、中学校、高校と多くの附属校を持っており、それらはすべて職員の配属先になり得る。系列の専門学校や研究所等に配置されるケースも。海外にある附属校に赴任する可能性もある。大学から附属校の事務室に異動すると、カルチャーの違いに驚くという声も多数。大学生の様子を知るスタッフが高校に異動し、その経験を活かした進路指導支援を行うなど、実はさまざまな可能性が隠れている。

なお法人本部の側にも「附属学校を統括する部署」があるケースは多い。各校との連絡調整を担ったり、教育研究支援を行ったり、人事研修を合同で企画したりと、現場の教職員を支えるさまざまな取り組みを行っている。

●寄付金事業

有力大学は数十～数百億円の基金を運用。運用するのは外部機関であり、大学では卒業生などからの寄付金集めに奮闘している。慶應義塾大学や国際基督教大学などは以前から熱心で、東大をはじめとする国立大でも寄付金事業の強化が進められている。ちなみにハーバード大学では約6～7兆円という規模の基金をプロが運用しており、その莫大な運用益が同大の潤沢な研究費や各種の教育投資、奨学金などを支えている。

●高大連携

特定の高校と連携協定を締結し、教育などでパートナーシップを結ぶこと。高校で探究学習のカリキュラムが本格化したいま、注目が集まっている。先進的な事例では、学校法人の垣根を越えて7年一貫の教育プログラムを運営するところも。18歳人口が減少する中、持続可能な学生獲得という視点でも可能性がある分野。

一方、とりあえず連携協定を結んだものの具体的な取り組みに乏しかったり、窓口担当者が異動した途端に熱量が失われて取り組みが失速するといったケースも。継続的に成果を上げるのは容易ではない。

●箱根駅伝担当

実際に筆者が出会った例。箱根駅伝ほか、有力スポーツに力を入れる大学は多い。一部の私大にとっては広報戦略上の最重要ミッションであることも。箱根駅伝では沿道にのぼりを立てたり、ゴール付近に拠点を用意したりと、新年から大変。有力選手の獲得のためには学生寮や練習場などの整備も必要。箱根駅伝に限らず、他の有力スポーツでも同様の事例はきっと（少なからず）ある。

あとがき――大学を動かすキーパーソンへ

本書では偉そうなことばかり書いてしまいました。が、私自身は大学に在職していた当時、決して理想的な職員ではありませんでした。

もともと非営利組織で教育に携わりたいという想いを持っていた自分にとって、大学という職場は本当に素敵なところでした。一職員としてさまざまなことを体験しながら、日々の業務をそれなりに楽しんでいたと思います。業界についての書籍や、職員向けのセミナーや勉強会で得られる知識もみな新鮮で、ワクワクしました。業界に関する問題意識も相応に持っていたつもりです。

しかしそれらを、職場での自分の業務に活かすことはできませんでした。いま思えば、たとえ若いヒラ職員であっても、もっとできることはあった、やりようがあったように思います。結局、大学業界についてのちょっと生意気な意見を、自身の非力さに対する不満や焦りとともに、ただ匿名のブログに書き散らしているばかりでした。

もともと大学を辞めるつもりはなかったのですが、そのブログが思わぬご縁をつなぎ、想定外のタイミングで大学から企業へ移ることになった次第です。しかし、何も成果を残せなかったという点は心残りでした。大学という大きな組織、さまざまなルールと慣習の上で動く組織の中で、私たちはどのような働きを期待されているのだろうか――その問いへの答えは出せぬままだったのです。

幸運だったのは、その後もずっと、大学に関わる仕事に就けていることです。それも全国各地、国公私立のさまざまな大学に、です。おかげで「こうすれば良かったのか！」と衝撃を受けるような、素晴らしい職員の方々との出会いにも恵まれました。これぞアドミニストレーターと言える経験豊かなベテラン職員の方や、所属や役職を超え、ボトムアップで改革を静かに進めていくタフな方など、実にさまざまな職員と知り合えました。そうした出会いを通じて、大学のありようもまた、想像以上に多様であったことに気づくことができました。それらの出会いや気づきが本書の内容につながりました。大学に関わる多くの方々に本書を知っていただくことで、お世話になった職員の皆様に少しでも恩返しができたらと思います。

現在、多くの大学が改革の正念場を迎えています。本書でも触れた通り、大学を取り巻く社会状況は今後、我々が経験したことのないフェーズに入りそうです。時代に流されず実直に教育研究を続けていくことは大事ですが、一方でミッション追求のため、社会の姿に合わせて組織のあり方を変えていく努力も今後はますます求められることになるでしょう。そんな状況だからこそ改めて、大学を動かすキーパーソンである職員の仕事を、今後の変化を踏まえて多くの方に知っていただきたいと考えました。

組織の現状や、自分のキャリアに悩んでいる職員は少なくないようです。そんな皆様が、ご自身の仕事を客観的に見つめ直すきっかけに、本書がなれたらと思います。5章では私が尊敬してやまない職員の方々、職員の仕事の可能性を教えてくれた方々のエピソードをご紹介しました。ぜひ、モデルにしていただければと思います。

就職市場での大学職員の人気ぶりと、その人気の裏にある危うい言説の数々も、本書を書こうと思った動機の一つです。素晴らしい職場として大学が世間の注目を集めるのは喜ばしいことですが、怪しい情報が流布されていることと、その結果として「楽して高給」という理由で職員を目指す方が増えることは、日本の大学の今後にとって歓迎すべきでない風潮です。私はいま全国の高校生に、大学での学びの素晴らしさを伝える仕事をしています。未来の学生たちのことを第一に考えてくれるような方が大学に来てくれたらと思います。

本書の執筆にあたっては、数多くの現役大学職員の方々にお力添えをいただきました。インタビューに協力してくださった全国の職員の皆様からは、日々抱えている悩みや不安、将来に対する迷い、仕事への熱い想いなどを率直にお話しいただきました。本文でご紹介しきれなかったコメントのほうが多くなってしまったのですが、いただいたお話のすべてが本書を支えてくださっています。

本来であれば全員のお名前をご紹介したいところなのですが、ほとんどの方は「匿名で」という条件でご協力いただいておりますので、残念ですが記載は控えます。代表としてお一人、私が若い頃から折に触れて貴重な機会や助言をくださる、大学アドミニストレーターの福島一政様のお名前を、紹介させていただきます。福島様、そしてインタビューにお付き合いくださった皆様、本当にありがとうございました。

また東洋大学の笠原喜明様には、ご多忙のところ貴重なお時間をいただきました。現役の事務局長、そして大学行政管理学会長というお立場から大学職員の仕事についてさまざまな観点でお話をいただきました。この場を借りて深く御礼申し上げたいと思います。

最後に、本書の企画から執筆までを見守ってくださった中央公論新社ラクレ編集部の黒田剛史様と、素晴らしい漫画およびイラストを仕上げてくださった若林杏樹先生、本当にあり

がとうございました。本書が、大学に関心を持つ多くの方のお役に立てることを願っており
ます。

2023年6月

倉部史記

中公新書ラクレ　好評既刊

L401
大学教員 採用・人事のカラクリ
櫻田大造 著

大学教員になるための秘訣・裏ワザを一挙公開！　新学部設置や、採用人事に携わり、業界の内部事情に通じた現役教員が、「採る側の論理」を明かす。給与、昇進、派閥、公募、コネ、雑務……等々の赤裸々な実態も、取材とデータをもとに公開。大学教員への就職活動の成功事例、失敗事例を数多く紹介し、採用の決め手が何なのかを検証。団塊世代の定年退職で市場が動く今こそ、新たな「傾向と対策」を！

L708
コロナ後の教育へ
―オックスフォードからの提唱
苅谷剛彦 著

教育改革を前提から問い直してきた論客が、コロナ後の教育像を緊急提言。オックスフォード大学で十年余り教鞭を執った今だからこそ、伝えられること――そもそも二〇二〇年度は新指導要領、GIGAスクール構想、新大学共通テストなど一大転機だった。そこにコロナ禍が直撃し、オンライン化が加速。だが、文科省や経産省の構想は、格差や「知」の面から諸問題をはらむという。以前にも増して地に足を着けた論議が必要な時代に、処方箋を示す。

L740
教育論の新常識
―格差・学力・政策・未来
松岡亮二 編著

入試改革はどうなっているのか？　今後の鍵を握るデジタル化の功罪は？　いま注目の20のキーワード（GIGAスクール、子どもの貧困、ジェンダー、九月入学等）をわかりやすく解説。編著者の松岡氏は、研究が「教育の実態を俯瞰的に捉えた数少ない正攻法」（出口治明氏）と評される、「2021年日本を動かす21人」（『文藝春秋』）のひとり。ベストセラー『「学力」の経済学』の中室牧子氏、文部科学省の現役官僚ら総勢22名の英知を集結。

ラクレとは…la clef=フランス語で「鍵」の意味です。
情報が氾濫するいま、時代を読み解き指針を示す
「知識の鍵」を提供します。

中公新書ラクレ
798

大学職員《だいがくしょくいん》のリアル

18歳人口激減《さいじんこうげきげん》で「人気職《にんきしょく》」はどうなる?

2023年7月10日初版
2024年1月30日再版

著者……倉部史記《くらべしき》　若林杏樹《わかばやしあんじゅ》（マンガ）

発行者……安部順一
発行所……中央公論新社
〒100-8152 東京都千代田区大手町1-7-1
電話……販売 03-5299-1730　編集 03-5299-1870
URL https://www.chuko.co.jp/

本文印刷……三晃印刷
カバー印刷……大熊整美堂
製本……小泉製本

Published by CHUOKORON-SHINSHA, INC.
Printed in Japan ISBN978-4-12-150798-3 C1237